新职业培训系列丛书

网约配送员

《新职业培训系列丛书》编委会　编

本册主编：李　茹

本册副主编：李林垚

云南出版集团

云南科技出版社

·昆明·

图书在版编目（CIP）数据

网约配送员 /《新职业培训系列丛书》编委会编 . -- 昆明：云南科技出版社，2021.2（2022.9 重印）
（新职业培训系列丛书）
ISBN 978-7-5587-3068-9

Ⅰ.①网… Ⅱ.①新… Ⅲ.①物资配送—职业培训—教材 Ⅳ.① F252.14

中国版本图书馆 CIP 数据核字 (2021) 第 030047 号

网约配送员
WANGYUE PEISONGYUAN

《新职业培训系列丛书》编委会　编

责任编辑：唐坤红　洪丽春
助理编辑：曾　芃　张　朝
封面设计：木束文化
责任校对：张舒园
责任印制：蒋丽芬

书　　号：ISBN 978-7-5587-3068-9
印　　刷：昆明高湖印务有限公司
开　　本：787mm×1092mm　1/16
印　　张：6.75
字　　数：156 千字
版　　次：2021 年 2 月第 1 版
印　　次：2022 年 9 月第 2 次印刷
定　　价：22.00 元

出版发行：云南出版集团　云南科技出版社
地　　址：昆明市环城西路 609 号
电　　话：0871 — 64190889

版权所有　侵权必究

目录 Contents

教程一　网约配送员入门须知

一、网约配送员……………………………………………………………… 2

二、网约配送平台…………………………………………………………… 3

三、网约配送员注册、申请流程…………………………………………… 5

教程二　网约配送员职业道德与岗位要求

一、网约配送员入职基本要求……………………………………………… 8

二、网约配送员岗位职责要求……………………………………………… 9

三、网约配送员工作流程…………………………………………………… 12

四、网约配送员职业素养…………………………………………………… 17

五、网约配送员职业道德…………………………………………………… 19

教程三　网约配送员基础知识

一、物流基本知识…………………………………………………………… 22

二、网约配送员操作基本常识……………………………………………… 26

三、网约配送员服务技巧…………………………………………………… 35

四、跑腿配送技巧…………………………………………………… 38

教程四　网约配送员服务与应急事件处理

一、处理客户投诉的基本原则和方法………………………………… 42

二、常见问题回答技巧………………………………………………… 45

教程五　网约配送员配送安全知识

一、人身安全知识……………………………………………………… 50

二、交通安全知识……………………………………………………… 51

三、货物安全知识……………………………………………………… 53

四、消防安全知识……………………………………………………… 54

五、职业防护…………………………………………………………… 58

教程六　配送服务业相关的法律、法规

一、网约配送员管理规定……………………………………………… 72

二、与网约配送服务业直接相关的法律、法规……………………… 84

教程七　配送知识模拟测试题

一、配送作业认知……………………………………………………… 90

二、订单管理…………………………………………………………… 93

三、送货作业管理……………………………………………………… 97

教程一　网约配送员入门须知

随着互联网技术的发展,智能手机的普及,通过"动动手指"满足衣食住行的需要成为可能。另一方面,生活节奏不断加快,为节约时间,越来越多的人选择网上下单获得门对门的配送服务以降低自己的时间成本,网约配送员成为一个新的职业。

一、网约配送员

网约配送员是指通过移动互联网平台,从事接收、验视客户订单,对物品进行拣选、包装、组配等作业,并按照平台智能规划路线,在一定时间内将订单物品递送至指定地点的服务人员。

网约配送员的主要工作:

(1)通过移动智能终端接受、验视、核对订单。包括但不限于数量、尺寸、规格、颜色、保质期、价格、送货地址、客户电话号码等;

(2)对物品进行拣选、包装、组配等作业,编排递送顺序;

(3)按照网络平台智能规划的配送路

线，在一定时间内将订单物品递送至指定地点并交付客户；

（4）处理无人接收、拒收、破损等递送异常现象；

（5）处理客户投诉及其他递送诉求。

网约配送员的类型：

1. 全职网约配送员

与某一固定平台公司签订长期劳动合同，按照公司规定的时间上下班，遵守公司的规章制度，上班时间必须服务于自己所属公司。一般公司实行底薪加提成的薪资制度，公司会为员工购买社会保险（养老保险、医疗保险、失业保险和工伤保险）。

经过招聘被录取后的全职网约配送员将接受公司提供的相关业务知识培训，经过一段时期的试用之后转为正式员工。根据劳动合同法相关规定，劳动合同期限三个月以上不满一年的，试用期不得超过一个月；劳动合同期限一年以上不满三年的，试用期不得超过两个月；三年以上固定期限或无固定期限的，试用期不得超过六个月。

2. 兼职网约配送员

在自己的本职工作之外，利用业余时间兼任网约配送员，根据接单量取得一定的报酬。兼职网约配送员较少受时间约束，可以根据自己的实际情况自由接单，但因为是临时员工，绝大多数平台不会为其购买社保。

二、网约配送平台

随着消费者网购需求迅速增长，网购类型呈现多样化趋势，网约配送平台由最初的送餐服务，发展到集外卖、生鲜食品、鲜花、药品和票务配送等为一体的多功能配送服务平台。由于价格低、时效性强，部分客户也会通过网约平台完成同城快递业务。大型商超、零售门店也纷纷与第三方配送平台合作发展线上线下业务，打造全渠道零售模式。

现有网约配送平台：

三、网约配送员注册、申请流程

（一）网约配送平台注册及接单流程

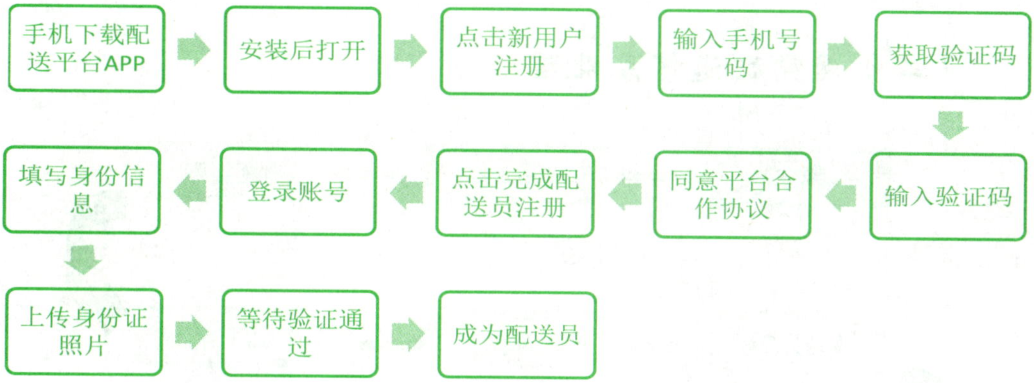

手机下载配送平台APP → 安装后打开 → 点击新用户注册 → 输入手机号码 → 获取验证码

填写身份信息 ← 登录账号 ← 点击完成配送员注册 ← 同意平台合作协议 ← 输入验证码

上传身份证照片 → 等待验证通过 → 成为配送员

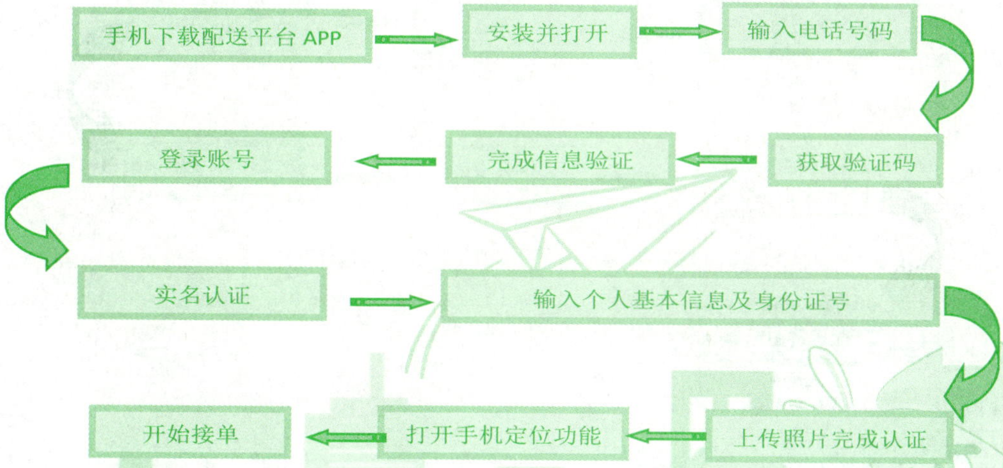

手机下载配送平台APP → 安装并打开 → 输入电话号码 → 获取验证码

登录账号 ← 完成信息验证 ← 获取验证码

实名认证 → 输入个人基本信息及身份证号 → 上传照片完成认证

开始接单 ← 打开手机定位功能 ← 上传照片完成认证

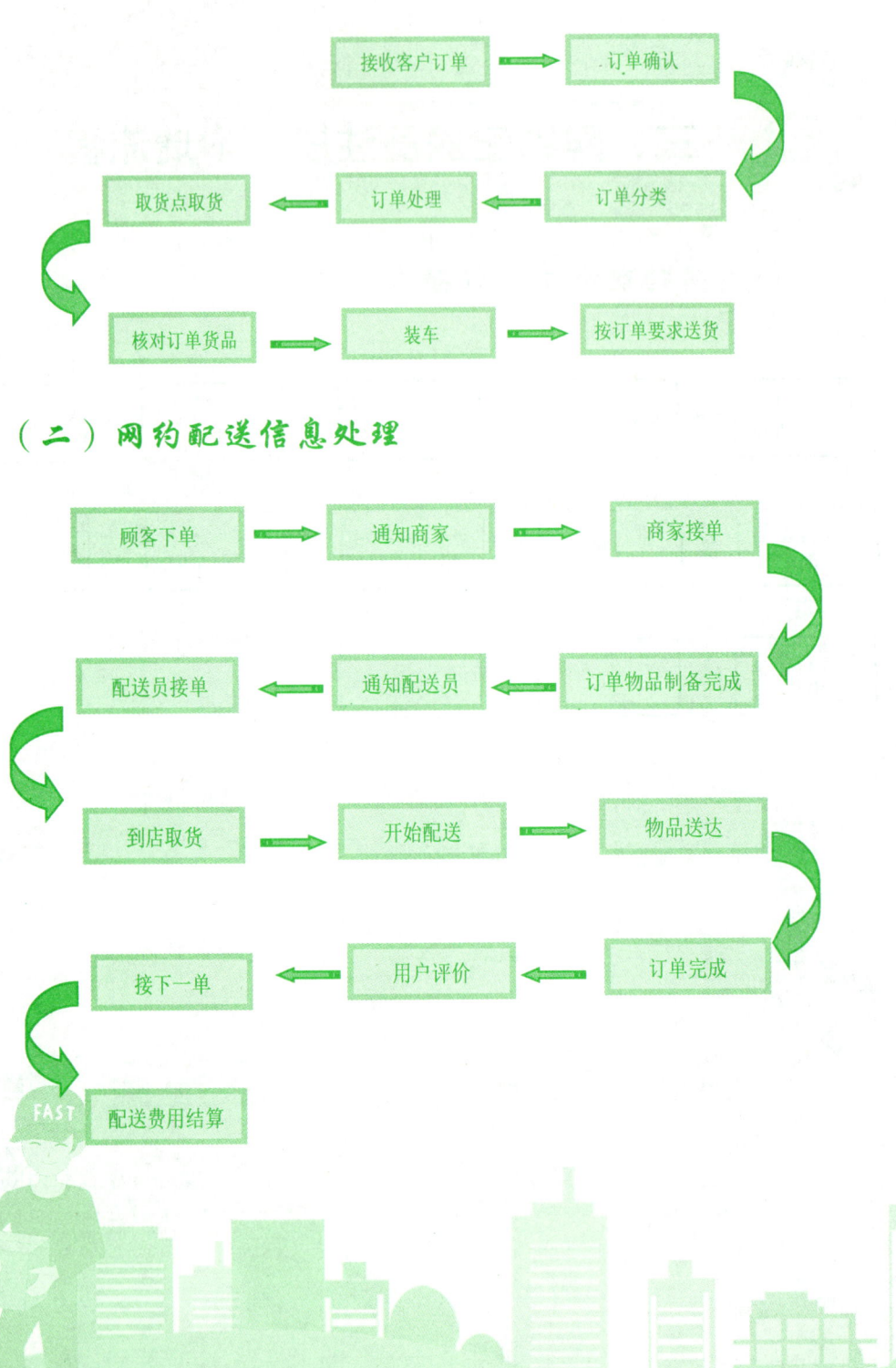

（二）网约配送信息处理

教程二　网约配送员职业道德与岗位要求

一、网约配送员入职基本要求

❖ 身体健康、能吃苦耐劳、无不良嗜好

❖ 亲和力强，有良好的沟通协调能力、语言表达能力及应变能力

❖ 责任心强，诚信、细致，有较强的团队合作意识

❖ 有主动服务客户的意识，良好的服务态度

❖ 具备基本的电子设备操作能力

❖ 熟悉地形路况，会驾驶交通工具（汽车、电动车、三轮车）

二、网约配送员岗位职责要求

（一）货物配送员岗位职责

1. 岗位职责

在配送部主管领导的带领下，完成公司的配送工作及后勤保障服务。

2. 工作纪律

（1）严格遵守公司的考勤制度及其他相关规章制度。

（2）不得无故拖延送货时间或拒不执行配送计划。

（3）上班时间不私自无故外出。

（4）服从配送主管的安排与调遣。对工作安排有异议，要在工作完成后向上级汇报。

（5）任何时候，随身携带手机并且开机。对公司领导或管理人员的呼叫，应及时应答。

（6）安全地配送商品到销售网络终端，做到账、货一致。

（7）完成上级领导交办的其他工作。

（二）外卖送餐员岗位职责

1. 送餐员规章制度

（1）上下班必须先到指定办公地点签到，之后才能外出办理各项业务。

（2）遵守考勤制度，上岗前检查个人仪容仪表，以饱满的精神状态投入工作。

（3）了解工作内容及当天工作安排。

（4）配送前检查车辆等配送设备是否正常。

（5）按时按量完成平台上的外卖订单。

（6）营业时间内在所负责区域随时待岗。

（7）给客户送餐上门时，要严格使用礼貌用语、轻敲门、慢说话。

（8）为客人服务中，加强眼神服务意识，观察客人需求，对客人的要求、问话必须有及时地应答声。

（9）对突发事件和客人投诉能灵活应变，巧妙使用语言与沟通技巧，处理不了时，及时汇报上级。（应将投诉控制在最小范围，压至最低程度，尽量于第一时间、地点、接手人来处理解决，避免人员的转换、时间的拖延，而使投诉的性质和发展恶劣化）

（10）员工在核对餐点时，要留意餐品有无异物，颜色气味有无异常等情况，如有疑问要及时与领导联系，否则一旦出现任何情况由本人承担。

（11）客户结账时，认真核对账单，如果发现客户算错账时，一定要遵循多退少补原则，一经发现客户多余的钱财没退，立即开除；少收钱的话，需要本人承担全部责任。

（12）对于结完账的客人的服务，送餐人员不可忽视怠慢，必须善始善终的保持优质的服务。

（13）送餐期间严禁人员吸烟、酗酒。

（14）送餐人员不得面对食品打喷嚏、咳嗽、大声喧哗及其他有碍食品卫生的行为，以免食品受到污染。

（15）送餐人员在工作时严禁向客户索要、收取小费。

（16）送餐员严禁在送餐时对客户说脏话。

（17）任何人不得以任何理由与客户发生争吵，并严禁评论和辱骂客户。

（18）上班时间严禁做私事，不得打牌，聚众闹事。

2.送餐员员工守则、操作标准

（1）送餐员敲门服务规范

① 按门铃的规范标准：按2~3下，停顿5秒，再按2~3下。

② 敲门的规范标准：3下，停顿5秒，3下。

③ 送餐地点是办公室的规范：与前台接待或保安联系，并依客户的要求将餐点放在指定位置。

（2）微笑并问候客户

① 致问候语，针对不同情况，使用不同的问候语。

② 自我介绍：您好，我是××送餐员，这是您点的餐品，请签收。

③ 不可进入客户屋内。

（3）呈递并核对餐点

① 双手将餐点呈递给客户。

② 送餐员拿着送餐单——读出餐点内容，与客户确认。

③ 客户特殊需求的内容需做明确沟通。

例如:在订单中,客户需求额外增加的调料包或有赠品,送餐员应明确告知客户:"这是您额外需要的××调料包或这是您的××赠品"。

(4) 结账并找零

① 礼貌用语:谢谢,一共是××元;谢谢,找您××元。

② 开具发票:客户需要发票时,询问并记录好客户需要开具的发票抬头(公司名称)内容、餐费、客户电话。回店交给送餐协调员或值班经理。

③ 呈递发票:请将提前准备好的发票双手呈递给客户:"这是您需要的发票"。

(5) 感谢客户

"谢谢,欢迎您再次订购,祝您用餐愉快!"

三、网约配送员工作流程

(一) 货物配送员工作流程

1. 工作前准备

(1) 形象要求

① 着装要求:上班期间穿着工作服,保持干净整洁;

② 发须要求:男士留短发,胡须剃净;

③ 鞋子要求:上班期间只能穿布鞋、球鞋或皮鞋,严格禁止穿拖鞋作业。

(2) 上班时间要求

① 上班时间:必须在排班规定的时间前到达指定工作地点;

②请假纪律：有特殊原因不能准时上班或不能上班，需事前与上级领导请假。

（3）检查工具

①车辆：电量、车锁、车刹、车胎；车身干净、清洁、无污渍；

②小件背包：背带；

③笔和工具刀：要求至少备两套；

④POS机：外观、电量、打印纸、信号。

2. 安全出车

（1）出车前按要求检查车况（油、水、电）。

（2）检查车辆所载商品是否完好，并保证商品在途的安全、完好、完整。

（3）按规定时速驾驶，不违章驾车，严格遵守交通规则和操作规程，积极提出有关行车安全的合理化建议，做到无任何事故。

（4）停车时不能影响正常交通，下车要锁好车门。

（5）按时到岗，及时送货，不松懈出车。

（6）出入库要严格按顺序和行车路线行驶，损坏货物，按价赔偿。

（7）定期对车辆进行全面清洁及检查维护并形成记录，发现问题及时排除或上报。

（8）配送员在执行职务中发生交通事故并负有责任时，其本人是赔偿义务主体，由其本人承担赔偿责任；配送员在非执行职务过程中发生交通事故并负有事故责任时，其本人是赔偿义务主体，由其本人承担赔偿责任。

（9）遵守租车协议中乙方责任与义务。

（10）公司车辆不得公车私用，不得交给其他人员驾驶。

注意事项

（1）做到领货—运输—客户清点签字，各环节的单据完整、清楚、准确、及时。

（2）出车前认真核对商品与出货单、回货单是否一致，包装是否完好，认真填写配送单据记录。

（3）检查所载货物情况完好，认真核对成品和出货单，所有单据准确无误。确认货物及单据，货物是否有遗漏。

（4）确保账货相符，接到配送通知，应携带齐相关单据。

（5）货物装运要求摆放合理，不野蛮装运。

（6）安全、准时、无差错的送货给客户，并能提出好的改善意见，不与客户发生冲突，客户满意度100%。

（7）确保配送、财务、仓库的单据数量一致性，发现问题及时清查。

（8）认真填写配送记录，对一次性未送齐的商品及时通知与订单员，及时做好账目处理，并汇报给客户经理，给客户相应满意的解决。

（9）熟悉片区路段和客户分布情况，保证配送及时、准确、到位。

（10）在运送货物中，如丢失货物，数目不清，造成一定的损失，照价赔偿。

（11）途中耽误不能及时送货，要和公司取得联系，方便公司另行派车安排。

（二）送餐员工作流程

1. 准备工作

① 整理好着装：按公司统一规定着装，时刻保持着装整洁和良好的个人形象。

② 车辆的准备与检查：车辆必须统一停放到指定区域，每次使用完车辆后要及时充电，保证电量充足，检查刹车是否灵敏、有没有螺丝松动。

③ 送餐包的准备与检查：送餐包的外观要整洁，包内无异味、无杂物。

④ 手机准备：保持手机话费和电量充足。

⑤ 腰包的准备与检查：准备好备用零钱，整理好所需票据，清点好每类票据的数量，检查腰包是否有破损。

2. 送餐服务

① 接到订单后，尽快到达取餐点，根据菜单清点菜肴和餐具。

② 装车：装车时注意保证餐品完好，避免送餐途中泼洒，给客户、给自己带来损失。餐车要使用完好、干净，无油渍、无水渍、无杂物、无异味。

③ 配送：送餐途中，注意餐车的速度及平稳度以防止汤菜泼洒，同时餐车上要备有一块洁净、整齐的毛巾，以便清洁使用。

注意事项

到客户房间要先按门铃，并报"您好，送餐服务员"，得到客人允许后进入房间，再次问好，"您好，您点的餐好了"，按照客人的示意，直接交给客户或是放到指定位。在准备离开客房时，与客户道别："先生／女士请慢用，祝您用餐愉快"。

小贴士

(1) 送餐完毕后将车辆摆放整齐，送餐箱放回原处。
(2) 认真填写每天汽车使用记录，每周上报配送主管。
(3) 每日检查车辆情况，对车辆行驶情况做好记录，及时保养，保证车辆行驶安全。

（三）跑腿、代购工作流程

跑腿就是指当事人不愿意或者没有精力去办理一些事情或解决某些问题时，需要交由其他人代处理，此时跑腿员就相当于临时的私人助理，帮助当事人完成所要做的事情，而当事人只需支付一定的费用即可。

接到订单后，根据客户需求，在约定时间内完成替客户代购物品、物品寄送等事情。

跑腿行业作为服务行业的一种，它有着自己独特的使命与宗旨，用户之所以选择跑腿无非就是想节省时间、获取便利，所以我们的宗旨一定是建立在用户需求上：

① 节省时间：在用户有需求的时候能够帮助用户节省时间，同时能够以最短的时间，完成用户所要做的事情。

② 方便客户：提高客户生活中的便利性，减少用户精力和体力的投入。

③ 提升客户工作效率：减少客户在琐事上的投入，使其可以将有限的时间投入到工作中去，更好地谋求职业发展。

总的来说，跑腿行业就是"想用户所想，急用户所急"，把每个用户要求做的事情都当成自己的事情尽心尽力地完成。"懒人经济"的发展与新零售的出现将跑腿行业推向了更广阔的市场，"你出钱我办事"的概念就这样慢慢地深入人心。

四、网约配送员职业素养

职业素养是人类在社会活动中需要遵守的行为规范。个体行为的总合构成了自身的职业素养，职业素养是内涵，个体行为是外在表象。

职业素养包含敬业精神及合作的态度。敬业精神就是在工作中将自己作为公司的一部分，不管做什么工作一定要做到最好，发挥出实力，对于一些细小的错误一定要及时地更正，敬业不仅仅是吃苦耐劳，更重要的是"用心"做好公司分配的每一份工作。态度是职业素养的核心，好的态度比如负责的、积极的、自信的、建设性的、欣赏的、乐于助人等态度是决定成败的关键因素。

（一）职业素养的三大核心

1. 职业信念

职业信念是职业素养的核心。良好的职业素养包含良好的职业道德、正面积极的职业心态和正确的职业价值观意识，是一个职业人必须具备的核心素养。

良好的职业信念有爱岗、敬业、忠诚、奉献、正面、乐观、用心、开放、合作及始终如一等。

2. 职业知识技能

职业知识技能是做好一个职业应该具备的专业知识和能力。俗话说"三百六十行，行行出状元"，没有过硬的专业知识，没有精湛的职业技能，就无法把一件事情做好，就更不可能成为"状元"了。

所以要把一件事情做好就必须坚持不断地关注行业的发展动态及未来的趋势走向，要有良好的沟通协调能力，懂得上传下达，左右协调从而做到事半功倍，要有高效的执行力。

各个职业有各职业的知识技能，不同行业还有不同行业的知识技能。总之，学习提升职业知识技能是为了让我们把事情做得更好。

3. 职业行为习惯

职业素养就是在职场上通过长时间地学习—改变—形成而最后变成习惯的一种职场综合素质。

信念可以调整，技能可以提升。要让正确的信念、良好的技能发挥作用就需要不断地练习、练习、再练习，直到成为习惯。

（二）网约配送人员基本素养要求

1. 有坚定的职业信念

遵守法律法规，遵守公司制度章程，诚实守信，爱岗敬业，踏实工作，热爱配送工作。

2. 有良好的职业行为

按照公司规定上下班，穿着公司统一制服和佩戴工作标志，行为举止大方礼貌，符合现代职业人才的基本要求；善于沟通，善于协调，具备独立完成事务的能力。

3. 有良好的职业技能

职业技能是就业所需的技术和能力，配送员是否具备良好的职业技能是能否为客户提供专业服务的前提。

五、网约配送员职业道德

良好的职业修养是每一个优秀员工必备的素质，良好的职业道德是每一个员工都必须具备的基本品质，这两点是企业对员工最基本的规范和要求，同时也是每个员工担负起自己的工作责任必备的素质。主要包括忠于职守、乐于奉献；实事求是，不弄虚作假；依法行事、严守秘密；公正透明、服务社会。

网约配送员职业道德服务标准

1. 对待工作

（1）热爱本职工作。

（2）遵守规章制度。

（3）注重个人修养：①不利用工作之便谋取私利；②不索要小费、不暗示、不接受客人赠送物品；③自觉抵制各种精神污染；④不议论客人和同事的私事；⑤不带个人情绪上班。

2. 对待集体

（1）集体利益高于一切。（集体主义是职业道德的基本原则，员工必须以集体主义为根本原则，正确处理个人利益、他人利益、班组利益、部门利益和公司利益的相互关系）

（2）组织纪律观，时刻在心间。

（3）团结协作、友爱互助，爱护公共财产，做一名主人翁。

3. 对待客户

（1）全心全意为客户服务。

（2）没有错的客户，只有不对的服务。

（3）客户就是上帝。

（4）客户的认可是对自己工作最大的支持。

教程三　网约配送员基础知识

一、物流基本知识

（一）物流的概念

中国国家标准《物流术语》的定义中指出："物流是物品从供应地到接收地的实体流动中，根据实际需要，将运输、储存、装卸、搬运、包装、流通加工、配送、信息处理等基本功能实施有机结合来实现用户要求的过程。"物流的基本职能包括物体的运输、仓储、包装、搬运、装卸、流通加工、配送以及相关的物流信息等环节。

（二）物流相关术语

1. 物流包装

物流包装是指在流通过程中为保护产品，方便储运，按一定的技术方法，采用容器、材料及辅助物等将物品包封起来以便能使物品安全到达目的地。

2. 配送

配送是在经济合理区域范围内，根据用户要求，对物品进行拣选、加工、包装、分割、组配等作业，并按时送达指定地点的物流活动。配送不同于普通的送货，配送是"配"与"送"的结合，配送以客户要求为出发点，按客户订货要求，利用有效的分拣、配货等工作，使送货达到一定的规模，以利用规模优势取得较低的送货成本。配送要从满足客户利益出发，强调"客户第一、质量第一"，强调及时性与服务性。

3. 即时配送

即时配送是指配送平台接到用户通过电脑或移动互联网渠道提出配送到达时间、数量等方面的配送要求，在短时间内进行配送的方式。即时配送的服务半径是3公里以内，一般在60分钟内送达。即时配送由于快速、便利的优势备受消费者青睐，是网约配送员的主要工作内容。

4. 物流信息

物流信息是反映物流各种活动内容的知识、资料、图像、数据、文件的总称。在配送活动中，订单的处理、配送线路的规划等都需要准确的物流信息。

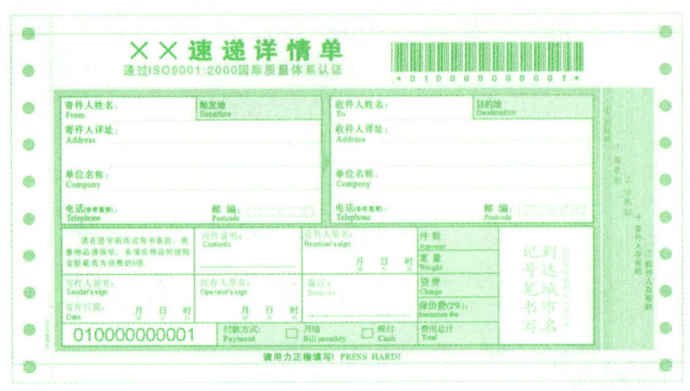

5. 条码

条码是由一组规则排列的条、空及对应的字符组成的标记，这些条和空组成的数据表达一定的信息，能用特定设备识读。

（1）EAN-13 通用条码：EAN 码是按照国际物品编码协会规定的规则编制的，有 13 位数字组成，简称 EAN-13 码。

EAN 条码符号标准版的结构：

前缀码　　制造厂商代码　　商品代码　　交验码
××　　　×××××　　　×××××　　　×

商超零售行业运用 EAN-13 通用条码识别商品名称、规格、价格等信息，每一个商品都有相对应的唯一条码，通常同一系列产品规格不同、颜色不同、尺码不同、口味不同，其条形码也不相同，配送员在核对商品时必须仔细检查条码是否正确。

（2）二维码：二维码是用某种特定的几何图形按一定规律在平面（二维方向上）分布的、黑白相间的、记录数据符号信息的图形。二维条码具有储存量大、保密性高、追踪性高、抗损性强、备援性大、成本便宜等特性，被广泛应用于各个领域。

用移动设备上的二维码扫描软件，客户可直接扫描二维码进入商家的手机网站，浏览超市商品，快速购物。餐厅和饭店可以用二维码建立电子菜单，客户扫码进行点菜下单。二维码还可以制成电子优惠券，不仅方便商家对优惠券的管理，也方便消费者将优惠券直接存储在手机中使用。随着智能手机的普及，二维码签到、二维码检票、二维码请柬、二维码收付款等功能被广泛应用于人们的生活中。

EAN-13 码

二维码

6. GPS 技术

GPS 是全球定位系统的简称，GPS 由三大系统构成：空间卫星系统、地面监控系统、用户接收系统。用户接收系统用于接收 GPS 卫星发射信号，经信号处理而获得用户位置、速度等信息，再通过数据处理完成导航和定位。网约配送员在工作过程中需要打开手机 GPS 定位功能，可以查询配送地点的具体位置，大概需要时长，并根据路况信息规划路线。客户坐在家中就能对自己的货物实时监控，在电子地图上看到配送人员的实时位置。

二、网约配送员操作基本常识

（一）仪容仪表

在配送服务过程中，仪容仪表是构成第一印象的重要因素，往往能引起服务对象的特别关注，仪容仪表影响着客户对配送员专业能力和职业资格的判断。良好的职业形象往往能彰显个人工作态度，体现职业风采。

（1）着装：统一着规定工装，并保持干净整洁；

（2）帽子：工作时间应戴公司统一配发的工帽，要求工帽干净整洁，不得歪戴、反戴；帽檐摆正与视线平行；

（3）发型：经常梳洗头发，保持干净整洁，无头屑；不染发、不留古怪发型；男士发不过耳，不剃光头；女员工应把长发束起或盘成发髻，短发保持干净整洁，不染过于炫丽的颜色；

（4）面部及口腔：面部时刻保持清爽干净，做到每日剃须，鼻毛不外漏、不蓄须；保持口腔清洁、口气清新；

（5）胸牌：工作时间需佩戴工牌，要求将工牌戴在工服左胸；挂绳式工牌，挂绳应放在衣领下；

（7）手：保持手部卫生，指甲短而整齐，指甲内保持清洁；

（8）配饰：全身饰品不超过两件，不戴过于夸张的头饰和饰品。

（二）沟通礼仪

1. 沟通基本用语

（1）见面问好："您好"或"你好"，"早上好""晚上好"等。

（2）特殊情况礼貌用语：

①让客户等候时："抱歉，让你久等了。"

②需打断客户正进行的谈话时："不好意思，打扰一下……"

③需客户提供相关证件时："麻烦您/请您出示一下……"

④他人提供帮助和支持时："谢谢"或"非常感谢"。

⑤道别时："很高兴为您服务，再见，欢迎下次订购！"

面对面沟通成功四要素
语言：与客户沟通时，不在于你要说什么，而在于你怎么说。用不同的方式传达同样的意思，结果很可能也不一样。
语调：沟通时注意音量、语调和语速，做到有效沟通。
表情：沟通时注意面部表情，以更亲和的方式达到沟通目的。
手势：注意沟通时的肢体语言，要得体。

2. 电话沟通礼仪

电话是现代社会的最重要沟通渠道，为了更好地开展业务，也要求网约配送人员掌握正确的电话礼仪，来更好地处理客户、自身和公司的关系。

（1）时刻保持手机畅通，及时接电话。接、打电话时，都应首先告知对方自己的身份，然后进行相关工作。

例：配送员：您好，我是××平台配送员××，请问您是×先生/女士吗？

客户：是的，我是。

配送员：您的货物已经送到您家/公司楼下了，请问您现在方面签收吗？

客户：不好意思我现在不在家/公司，你等我半小时好吗？

配送员：您看这样可以吗？由于我们承诺客户送达时间，我先去配送其他客户的，半小时后再来配送您的，您看可以吗？

客户：好的。

配送员：谢谢您的理解与支持，再见！

（2）在确定对方已经讲完话时，再结束通话，并让对方先挂断电话。

（3）在通电话过程中要专心，严禁边吃东西或者边喝饮料边打电话，如果必须要分神来照顾其他事情，必须向客户解释清楚并请客户稍等。与客户通话时，尽量减少其他声音造成干扰。

（4）客户来电咨询时：

① 接听电话并告知自己的姓名："您好，×平台配送员××，请问有什么可以为您服务的吗？"（注意：电话响3声之内接起，若超过3声则先道歉说"对不起，让您久等了"，音量适度。）

② 确认对方，并听取来电用意，必要时进行谈话内容记录。

③ 再次确认相关时间、地点及事由。

④ 告知对方你已清楚其来电用意，并表示会进行处理。遇到自己不能解决的问题，应详细记录、寻求帮助，不得推诿。

⑤ 等待对方挂断电话后结束通话。

（三）话术规范

1.电话沟通标准话术

配送员：您好！×先生/女士，我是×公司的配送员××，您有货物需要我们公司代送是吗？我想和您核实一下取货地点和取货时间。

客户：已经准备好了，你直接过来吧，地址是……

配送员：好的，地址我已经记清楚了（详细地址记录在笔记本上，方便下次查阅和方便使用）。这边还有几个货物需要派送,大约20分钟后去取货,您看可以吗?

客户:好的,到了直接上楼找我就可以了。

2. 取货标准语术

配送员:×先生（女士）您好,我是××公司的配送员××,请问您要发的货准备好了吗?

3. 开箱验货标准话术

配送员:为了对您负责,也为了您货物的安全,请允许我帮您确认一下物品及数量,以免有什么遗漏好吗?

4. 客户签名时标准语术

配送员:×先生（女士）,请在这里填上寄件日期、时间并写上您的姓名好吗?

配送员:×先生（女士）,（将工作单"寄件人联"交给客户）这一联是给您留底的,请您保管好,可以根据此凭证上的工作单号,通过我公司APP进行跟踪查询。如有什么问题,以此单为证好吗?

5. 客户致电查货时的话术

您好,请问有什么可以帮到您?

请问您贵姓?

请提供一下您的单号/请问您的住址是?

请您稍等……（客户等待时,查看系统进行核实）

很抱歉,让您久等了,您的货物已经正在安排,马上为您安排及时派送,请您稍等。

感谢您的来电,再见!

6. 派件时的标准话术

××先生/小姐，您好，您从××购买的商品已经到了，请问您现在方便收货吗？

××先生/小姐，您好，请您出示您的证件，核实一下身份，谢谢合作。

××先生/小姐，请检查一下货物，如无疑问，请您在签收单上签字，谢谢。

切忌：直呼客户姓名，语气生硬，不清楚客户职位时，可使用××先生，××女士等敬称。

（四）服务忌语

1	哎！	20	就不能快点来取吗？
2	没有！	21	我就这态度！
3	讨厌！	22	你以为你是谁！
4	不能送！	23	你自己看着办吧！
5	不要算了！	24	你问我，我问谁！
6	不行！	25	你想投诉就投诉吧，投诉也没人给你送！
7	不管！	26	你怎么这么挑剔！
8	不知道！	27	你留的电话是错误的，还怪谁！
9	这个东西不好！	28	你怎么这么多毛病！
10	自己看啊！	29	没看上面写着吗？
11	脑子有病！	30	我没时间和你废话！
12	有完没完！	31	我带的货多，你自己下来取！
13	我没工夫！	32	你怎么不提前准备零钱？
14	就你事多！	33	给你打过好几次电话，为什么不接！
15	你等着吧！	34	还没有试完，准备试到什么时候！
16	你烦不烦！	35	换货不归我们管！
17	爱要不要！	36	能不能快点，我不是为你一个人服务的！
18	你快点！	37	不是告诉你了吗？怎么还问！
19	地址怎么瞎写！	38	你这地方太远，送不了，以后别定了！

忌回答"我不会,我不能,我不知道,我不负责,我只是送货的"等内容,回答不了的问题,应主动引导客户拨打服务热线。

① 我不会:在客户服务的语言里没有"我不会",正确的回答是"我们能为你做的是……"

② 我不能:在客户服务的语言里没有"我不能",正确的回答是"看看我能够为你做什么?"

③ 我不知道:在客户服务的语言里没有"我不知道",正确的回答是"我请示之后回答您……"

④ 我不负责:在客户服务的语言里没有"我不负责",正确的回答是"我很愿意为你做……"

⑤ 我只是送货的:在客户服务的语言里没有"我只是送货的",正确的回答是告诉客户你能做什么,并且很愿意帮助他们。

(五)配送礼仪

1. 等待进门环节

(1)前往客户办公室或住所时,无论门是开着还是关着,都应该按门铃或敲门以示意。

(2)按门铃时间不宜超过3秒,若无回应,应等待5~10秒后再按第二次。

(3)敲门时,力度适中,用食指或中指连续敲门3下,若无回应,应等待5~10秒后再敲第二次。

(4)在等候客户开门时,应站在距离门约1米处,如客户有特别要求,经同意后方可进入,否则尽量在门外完成交接,最好勿进入客户家中。

(5)交谈时,吐字要清楚、态度要端正。

2. 进门环节

在征得客户同意后才能进出客户办公场所或者其他地方；进门后，不东瞅西望，应礼让三分；切忌横冲直撞或出现手把门框、脚踢墙壁等动作。

针对和客户的熟悉程度，应采用不同的自我介绍方式。应保持微笑、目光注视客户，采用标准服务用语，自信、清晰地说"您好，我是配送员××，我是来派送/揽收你的货品的"。介绍的同时出示工牌，把工牌有相片的一面朝向客户，停顿2秒，让客户看清楚相片和姓名。

3. 快件签收环节

在客户处未经得客户允许，不得随意就座或者随意走动，不得任意翻看客户的资料，不得大声喧哗，私自接听客户电话，在客户处接听手机也应该尽量小声，以不影响客户为原则。

将货物双手递给客户，并说"××先生（××小姐），这个是您的快件，请您确认一下。"若客户没有疑问，则用右手食指轻轻在派工汇总表上，让客户签字"××先生，××小姐，麻烦您在这里签收，谢谢"。

在签收的时候如果发生快件损坏、部分遗失、货件不符时，不能与客户发生任何争执。必须严格按照运

单上的金额进行收取,不得以任何理由收取任何额外费用,应双手接收客户交付的运费。

4. 辞谢和道别环节

取件或配送工作完成之后,一定要进行辞谢和道别。辞谢时,可以说"谢谢您,希望下次再为您服务。"此时,眼睛一定要看着客户,即使客户背对你或者客户低头,也要让对方清楚地听到。之后微笑道别,"欢迎您再次选择我司快递或配送服务,再见!"离开时把门轻轻带上,与客户道别。

小贴士

(1) 分拣包裹切勿使用暴力,轻拿轻放避免损坏。分拣包裹时,不要只追求速度,暴力抛扔。无论是纸盒包装、麻袋包装还是塑料袋包装的快递,都要"一视同仁",轻拿轻放,以免摔坏包裹内物品。

(2) 快递切记按地址送达,放置别处应提前沟通。配送时,应严格按照快递单上的收货人地址配送。不能随意放置在提货点以及快递柜内,如需投放要先与收货人沟通,征求同意后再放置。

(3) 配送快递保证时效,超时配送事前告知。配送快递应该保证时效,如果因各种人为、非人为原因无法及时送抵收货人处,应当提前与收货人电话联系,告知收货人具体情况。

(4) 递送物品请记住,双手奉上不可忘。递名片时,应双手收递,名片正面朝向客户,同时使用敬语,向客户递送物品,双手奉上,切忌单手传递。

(六)见面礼仪

1. 见面微笑

微笑是一种愉快的心情的反映,是一种礼节,也是一种礼貌和涵养的表现,是人与人沟通的最佳途径。微笑在人际交往中起着很重要的作用,见面时点头微笑,会给人尊重和欢喜的感觉,微笑会让客户感觉亲切,可以在一瞬间缩短人与人之间的距离。

对服务行业来说，至关重要的是微笑服务。面带微笑，以不卑不亢的态度与人交往或帮助别人，使人产生信任感，容易被别人真正地接受，而不会产生排斥心理，创造一种和谐融洽的气氛，让服务对象倍感愉快和温暖。

2. 见面打招呼

配送时，面带微笑，使用普通话，自信、清晰地对客户说："您好，我是××平台配送员××，这是您的货品，请查收。"

若客户属于经常服务对象，可省略自我介绍，见面时热情主动地打招呼，如果能记住客户姓名则可表示：××先生/女士，有您的货品，请查收。

有真实的案例显示有配送人员因对安保人员的称呼不当导致配送工作不畅。因此，在配送过程中，除了直接服务对象外，恰当地与服务过程中接触的其他人，如客户居住地的安保人员打招呼、建立良好的关系能给配送工作带来很大的便利。

小贴士

礼仪三到：眼到、口到、意到

眼到：和客户对话时，请目光亲切自然注视对方，眼神不可游离；

口到：讲普通话，热情正确称呼；

意到：通过微笑把友善、热情表现出来，不卑不亢，落落大方，不能假笑、冷笑、怪笑、媚笑、窃笑。

三、网约配送员服务技巧

（一）理解客户

1. 谁是我们的客户？

通过网络平台下订单购买产品并接受配送服务的人员是我们的客户。网约配送的服务对象以 30 岁以下的年轻群体为主，上班族和学生居多。在外卖送餐服务中中餐和晚餐使用人数较多，在商超产品配送中以生鲜食品为主。

数据来源：美团外卖用户画像分析图

2. 客户需要什么？

客户的购买行为建立在解决需求的基础上，理解客户的需求才能更好地为客户提供服务，提高客户的满意度及重复购买次数。客户在网络平台下单的原因大概可以分为以下几种：

（1）方便快捷获得产品；

（2）价格实惠，有优惠活动；

（3）天气异常，不方便出门；

（4）货品过重（如米、面、油等），搬运不便；

（5）好奇，尝试新鲜事物；

（6）买满一定金额免费配送。

客户的需求是在最短的时间内获得高效的配送服务，配送员服务态度好，收到的产品没有散漏短缺，外包装无破损。

3. 客户期望什么？

客户期望在消费过程中获得积极的、有意义的情感性体验，在现有的约束条件下最大限度地满足自己的需要。

客户期望的服务层次：

意外价值

期盼价值

预期价值

基本价值

客户基本需要：在预定时间内收到订购的商品，包装完好，商品品质良好。

客户想要：配送员彬彬有礼，提供门到门服务。

客户非常想要：配送人员送货时告知货品名称，提醒客户开箱查验。

客户意想不到的：配送人员在经得客户同意后主动将较重的货品搬运到指定的地点。

（二）客户服务的重要性

客户是企业利润的源泉，是企业生存和发展的基础。满意的客户会主动向他人宣传自己认可的产品和服务，从而吸引更多的新客户购买企业的产品和服务，使企业增加收入和利润。客户对配送服务的评价直接影响其对购买产品的评价，因此，配送服务质量的高低将影响客户的购买决策。

用户对已完成的订单进行评价时，骑手评价是匿名的，用户可以提供更加真实的评分和内容。部分平台推出了骑手拉黑功能，用户可将服务体验较差的骑手拉黑，之后该骑手将不会接到该用户的订单。因此，网约配送员必须熟悉道路，提高服务质量，避免被多人拉黑而少接单。

（三）客户服务

1. 客户服务的定义

客户服务坚持以客户为中心的原则，体现以客户满意为导向的价值观，通过优化服务，改善企业与客户之间的关系，实现企业利润增长。

2. 客户服务的内容

（1）接待客户

对客户的接待是企业和客户直接联系的主要方式，它可以及时了解客户的要求和意见，网约配送员接待客户的主要形式是客户来电的处理，回复客户的咨询。

（2）咨询服务

咨询服务指网约配送员运用专业知识为用户提供智力服务，根据客户选购产品时的各种要求，向客户介绍业务情况，解答客户提出的各种问题，帮助选购等。

（3）保质服务

配送员应确保配送商品质量，尽可能提高服务水平，如送餐时用保温袋或者冰袋装运食品。在配送过程中如果发现包装破损、食物泄漏等问题，本着负责任的态度向客户道歉，必要时承担由此造成的经济损失。配送员应该以"质量第一、客户至上"的精神服务客户。

（4）个性化服务

配送员还应该满足客户合理要求，提供个性化服务，如客户不在家，将货品放置于邻居家等。

四、跑腿配送技巧

1. 熟悉送餐路线

配送员需要对自己送餐区域的线路熟悉，这样才能以最快的速度将外卖送到客户的手上。配送服务讲究的就是效率，不熟悉路，送餐时间晚了很有可能就会被客户投诉，直接影响配送员工资。对线路熟悉的话，合理安排线路，配送员还能顺路多接几个单，增加收入。

2. 对商家熟悉

很多时候影响配送员送餐速度的是商家出餐的快慢。有些时候配送员接单了，可是商家出餐很慢，导致无法准时送达。所以配送员要熟记哪些餐厅出餐快，哪些餐厅出餐慢，这样就可以根据所接的单子，作出恰当的安排。

对客户要笑脸相迎，有耐心。有些时候会因为各种无法预料的因素导致外卖不能及时送达，此时配送员要向客户耐心解释，笑脸相迎，客户也就不会追究什么了。接单的过程中有些客户的收货地址写得不够详细，配送员要打电话耐心地跟客户沟通，要服务好每一个客户，将外卖准确送到他们手中。

3. 善于利用地图工具

配送员可以借助地图工具，查看路况，选择合适的线路以保证在规定时间内将货品送到客户手上。在工作中不断总结经验，优化配送路线，提高配送效率。

常用的地图工具有：百度地图、高德地图、搜狗地图、腾讯地图等。

4. 备好自己的送餐工具

一般外卖员都是骑电动车送外卖的，那最好备好两组电瓶，及时充电，避免配送中突然电瓶没电，导致一系列问题。所以每天送外卖前，要检查自己的送餐工具，是否备好电瓶。

5. 有谋略地抢单

抢单尽量抢离其他订单近的订单，合理的抢单会事半功倍。不要抢那么急，先看看目标的距离，太远就给其他配送员，尽量抢较集中的订单，因为太远会影响配送效率。如果盲目抢单，每个订单都分散得很远，这将很容易导致最后一两单超时。

6. 提高送餐效率的方法

（1）一批餐品，很多地址，请别着急，先对路线做规划，最好不走冤枉路。

（2）路上注意安全，保证餐品的完好无损，并尽量快捷。

（3）要仔细研究地图，把地图分块，并尽量记住一些重要的客户所在区域。

（4）提前几分钟给客户打电话取餐，可以省去很多等待的时间。

（5）保证交通工具的通畅，电瓶车有电，自行车好骑。

食品配送原则
(1) 根据订餐明细进行分类和包装。
(2) 配送应遵循由远及近原则，每次出车配送原则上不超过4小时。
(3) 配送时严格遵守卫生要求：①配送车内外洁净、做到每日清洁车内外卫生；②车上食品不混合装运、不挤压；③配送的食品全部都要有相应的防尘、防污染措施，避免外露。
(4) 配送时间符合要求，食品温度符合要求。
(5) 配送时严格清查配送物品的品种、数量、地点等是否相符，确保不漏项。
(6) 配送到目的地后，请客户在平台上点击收货。

教程四　网约配送员服务与应急事件处理

一、处理客户投诉的基本原则和方法

艺术地处理投诉问题，对留住客户、提高客户满意度至关重要。正式地道歉、正规地赔偿，对客户来说，那就是一种尊重。

（一）常见的客户投诉情况

1. 客户投诉的原因

（1）货品配送延误，未按指定时间送达货品，客户等待货品时间过久而不满；

（2）配送员的服务语言、工作态度未达到客户要求；

（3）配送过程中货品破损或缺失；

（4）错收相关费用等。

2. 客户投诉时的心理

（1）求尊重的心理：客户的自尊心是很强的，很多时候他们都认为自己的投诉是正确的，通过自己的投诉可以让自己所遇到的问题得以解决并引起大众的关注和重视，从而得到大众的认同和尊重。

（2）求表现的心理：有些客户投诉是出于表现的心理，既是在投诉和批评，也是在建议和教导。好为人师的客户是很常见的，因为他们乐于通过这种方式获得一种成就感，还经常以代表广大消费者之名来讨个说法。

（3）求发泄的心理：客户带着怒气和抱怨进行投诉时，有可能只是为了发泄不满情绪，释放和缓解郁闷或不快的心情，来维持心理上的平衡。

（4）求补偿（补救）的心理：在许多投诉事件中，特别是关于费用类案例，客户认为自己的权益受到损害，投诉的目的基本在于得到补偿。另外，客户出于补救的心理不仅指财产上的补救，还包括精神上的补救。

（二）应对客户投诉的基本措施

1. 解决客户投诉的基本程序

（1）诚心诚意地道歉。不论责任是否在于自身，都应该诚心诚意地向客户道歉，并对客户提出的问题表示感谢，这样可以让客户感觉受到重视。表达歉意时态度要真诚，而且必须是建立在凝神倾听了解的基础上。如果道歉与客户的投诉根本就不在一回事上，那么这样的道歉不但无助于平息客户的愤怒情绪，反而会使客户认为是在敷衍而变得更加不满。

（2）同理倾听客户抱怨。为了能让客户心平气和，在倾听时应该注意：当客户说出他们心中的抱怨时，只要认真倾听，并对他们的感受表示同情，就可以赢得他们的心。要知道，即使是挑剔的客户甚至是脾气火爆的客户，也常常会在一个具有忍耐心和同理心的倾听者面前，让态度变得缓和起来。当客户正火冒三丈的倾吐自己的抱怨与不满的时候，倾听者应当保持足够的耐心去听，而且只是认真地倾听客户的谈话，不要做任何的反驳，否则只会让客户更加坚持自己的观点，使事情更加难以处理。

（3）让客户先发泄情绪：如果客户还没有将事情全部述说完毕，就中途打断客户，做一些辩解，只会更大地刺激客户的不满情绪。应该让客户把要说的话以及要表达的情绪都充分地发泄出来，这样可以让客户尽情地发泄了不满情绪后有一种较为放松的感觉，心情上也能逐渐地平静下来。

（4）确认问题所在。认真了解事情的每一个细节，确认问题的症结所在，并利用纸笔将问题记录下来以便处理。

（5）实实在在解决问题。解决问题是处理投诉最关键的一步，只有有效地解决客户的问题,才算完成了对这次投诉的处理。注意立即采取措施,切勿拖延。问题解决得好,客户感到满意,自然愿做回头客;如果敷衍了事,客户更加不满,或闹得更大,或以后永远都不再光顾了。

平息投诉需要讲究方法:除了做出一定的补偿之外,还要当着客户的面把投诉意见记录下来,并对消费者表示深深的歉意,告诉消费者其意见对我们的企业很重要,并留下消费者的联系方式,由市场或公司的售后服务人员再邮寄感谢信过去,或者再寄上一两件产品请他(她)免费使用,这样的成本付出最多不过几十元,却能够在一定的区域内获得良好的口碑宣传。

(6)注意事项:没有任何人能避免投诉,没有一个投诉是无缘无故的。要抓住每一次"变危机为机遇"的机会,处理好客户投诉,争取把处理客户投诉作为再次赢得客户、重获商机和重新树立形象的机会。

备注:无法单独处理的情况下,及时联系平台或上级主管,在平台和上级的帮助下处理投诉内容。

对客户投诉认识的三大误区
误区一:视"无客户投诉"为"无过失服务"。
误区二:视"客户投诉"为"客户找茬"。
误区三:视"投诉处理"为"利润流失"。

2. 应对客户投诉礼貌行为

(1)应先致歉;(对不起,在此就餐没达到您的满意,非常抱歉)

(2)应更加周到、热情地服务;

(3)不可推卸责任;(不管怎么弥补,都是我们的错。您有什么要求,我们尽量满足)

(4)当客人很生气时,其他同事不要围观;

（5）当上司和客人说话时不可插嘴；

（6）先主动完成客人马上需要的服务，引导客人继续用餐。

二、常见问题回答技巧

为什么订单显示发货了，但是配送信息还没有更新？

先生（女士）您好，如果您查看物流跟踪信息一直停留在同一个状态，可能是还没来得及录入新信息或者更新后同步到平台存在滞后，不会影响正常收货。

为什么这次配送费用这么贵？

先生（女士）您好，我们的配送费是按照物品重量和配送路程等多种因素综合计算的，天气因素、高峰时段等均会影响配送费。

有没有打折优惠？

××先生（女士），您好！我们执行的是全国统一价格，原则上没有任何打折优惠，还请您谅解！但如果您的货量达到一定标准，可以申请成为××公司的月结客户，我们会有安全、专业的市场人员与您进一步沟通。

我的货在配送中丢了怎么办？

××在货物操作流程上有一系列的安全监控措施，但如果货物在配送途中丢失，上保险货物将严格按照保险赔付标准赔付，未上保险货物原则上按背书条款进行处理，请您详细了解背书条款内容，同时，建议您贵重物品上保险。

❓ 我的货物丢了/损坏了，联系客服怎么一直没人理啊？

先生（女士）您好！非常抱歉没能及时为您解决问题，可以把货物单号提供给我吗？我马上联系公司相关人员为您解决，或者您也可以直接拨打我们的客户服务热线××××，会有专门的客服人员为您解决，您看可以吗？

❓ 你们怎么换配送员了，会不会路线不熟晚点？

请您放心，不管人员如何调整，都不会影响我们对您的服务，如果您对我们的工作人员有疑义，您可以请我们的工作人员出示工作牌。

❓ 我就晚了十多分钟，为什么配送员那么着急，等我一下都不行吗？

××先生（女士），您好！不是我们不愿意等，如果我们在这耽误太多时间，会影响到货物发出的操作，就不能保证您的货物及时送达，所以为了让您的货能够安全、准时地送达，希望您能够谅解并给予支持，谢谢！

❓ 客户付现金或签收件、寄件、时间拖延较长时，怎样与客户沟通？

先生（女士）！不好意思！因为我××点钟之前还有×个客户的货物等着取/派（表明催促的原因，让客户体谅你的难处），麻烦您尽快好吗？

先生（女士），如果您现在很忙，是否可以安排其他同事代您处理，或者您估计一个时间，我稍后再来取/送货，可以吗？请您放心，我一定在约定的时间内准时到您处取/送货。

❓ 配送员收现金时，有时有些客户零头不愿给或称重量时零头不愿计入，此时该如何解释？

不好意思，一两块钱对我私人来讲是小事情，但是我现在代表的是公司，我们公司的财务制度非常严格，所有货物回公司后都要经过统一复称核价，公司是不允许我们多收或少收客户一毛钱的。还希望您能够谅解，谢谢。

❓ 在之前的纠纷中，客户不情愿地接受了赔偿标准，在以后的合作中时常向配送员抱怨，表示不满，此时如何更好地解释？

配送员此时不应被客户带有人身攻击性的怨言所影响，不要急于解释或辩解，沉默是最好的解决办法，同时应保持带有理解、宽容的微笑，不宜做更多解释，如解释可能会弄巧成拙。

❓ 我不想再说了，已经说了好几遍了，让你们的领导来，我要直接跟你们领导谈！

（1）××先生（女士），很抱歉，（打断您一下）听您刚才的讲述，（可能）我们有些做得不到位的地方。您可以把情况跟我说一下吗？我帮您核实尽快处理，如果我处理不了的我也会及时上报给我们的上级领导并及时回复您，您看可以吗？

（2）您好，请问您有什么事情能先和我说一下吗？我会尽力帮助您的，（听客户反应，如果什么都不听就找领导）请您把工作单号和联系方式告诉我一下，稍后我们领导会回复您的！

（3）您好，××先生（女士），对于前几次没有给您解决问题我们真的很抱歉，您看现在您能把事情简单跟我说一下吗？或许我能帮到您，如果我帮不了您，我会转交我们领导30分钟内回复您。（请您相信我一次），我的工号是××号，我一定会为您转达的。

❓ 客户要求提供高层电话怎么办？

"先生（女士），很抱歉，我没有权限向您提供高层电话，但您的货物问题我会尽力为您处理好，如果我无法处理好的话会马上上报领导为您处理的。您要是不放心可以记下我的工号××，后续有问题可以直接电话找我！"

客户上来就骂怎么办?

情况一:前期客户骂人的同时已经说出投诉的内容。

××先生(女士),我非常了解您的心情,请您不要着急,我已经听明白您说的大概是这样一个情况……请您放心,针对您说的情况我马上帮您联系,为您确认货物的具体到达时限并在××分钟(10~30分钟根据实际情况而定)内给您回复,您看可以吗?

情况二:客户一直骂并未说明事情的情况。

××先生(女士),请您不要着急,为了更好地帮助您解决问题,麻烦您先把事情经过跟我说一下好吗?(只有了解了事情经过我才能更好地帮您解决问题)。

客户因系统异常而不满怎么办?

抱歉,先生(女士),现在系统正在维护中/升级中,暂时无法查询,请您稍后(时间段,如:2小时后)再查询,您的货品正常配送中,请您耐心等待!给您造成的不便确实很抱歉,希望您能谅解。

教程五　网约配送员配送安全知识

一、人身安全知识

配送员是一个体力占主导的职业,每到节假日,电商促销活动工作强度成倍增大,大部分配送员每天都要工作12个小时左右,且全年无休,风雨无阻,这样的工作量,带来的是身体各器脏的沉重负荷,长年累月,身体健康就会受到威胁。因此,拥有一个健康的身体是努力工作赚取收入的关键。

1. 注意饮食,保证身体日常工作体力需求

保证身体正常营养需求,少熬夜,保证足够的睡眠,避免过度劳累,当身体超负荷时,容易使心脏缺血、缺氧,诱发心脏病甚至猝死。

2. 保持情绪稳定,确保出行安全

尽量保持平和的心态,因为过于激动以及紧张时出行不利于集中精力驾驶,会增加意外事故发生的风险。要让心胸宽广,保持积极乐观的心态,不管遇到什么事都要想开一些。

3. 遵守交通规则,有效避免交通事故

配送员是需要抓紧时间把每一份货品尽快送到客户手中，但是无论如何也没有自身的人身安全重要。第一，十字路口、拐弯处、小巷子等，这些地方尽量慢点骑，不差这点时间。一定要有交通安全意识，不要去抢道，不要闯红灯，特别是过十字路口的时候要慢一点，注意车辆行人。第二，下雨天的时候，路滑不要骑得太快，不要为了赶时间而忽视安全，戴好安全帽，做好防护措施。第三，特别是时间晚了之后，一定不要为了赶时间而开快车抢道，不能因为时间不够了，而忽视安全，安全永远是第一位的，一定要牢记在心。

二、交通安全知识

（一）驾车安全

（1）自驾车送货时，携带驾驶证、行驶证、公路安全行车指南和公路交通地图，了解沿途路况信息和天气情况。对车辆转向、制动、轮胎、灯光等安全设施进行检查，不要驾驶有安全隐患的车辆。

（2）保持安全车速。在道路上行驶，车速不要超过限速标志、标线标明的速度，要时刻保持安全车速，拒绝超速。

（3）保持安全距离。驾驶人要时刻保持车辆纵向与横向的安全距离，谨慎驾驶，避免交通伤害。

（4）谨慎通过路口。路口是交通情况复杂的地方，驾驶人在接近路口时要减速慢行，观察前方的交通情况，确认安全后谨慎通过路口。

（5）谨慎通过弯道、坡道。车辆驶近急弯、坡顶等安全视距不足的路段，应当在本方车道内行驶，提前减速，勿超车，必要时鸣喇叭示意。

（6）拒绝疲劳、酒后驾车。

（7）拒绝超员、超载。

（8）系好安全带。

（9）注意避让行人。

（10）儿童乘车不要坐前排。儿童乘车坐后排是重要的安全措施，有条件的要配备儿童专用安全座椅，减轻车辆在紧急制动或发生事故时对儿童的伤害。

（11）驾车勿拨打或接听手机。

（二）骑行安全

（1）骑行电动车、自行车要在非机动车车道内顺序行驶，严禁驶入机动车道。在没有划分非机动车道和机动车道的道路上行驶，应尽量靠右边行驶，不能骑车在道路中间，不要数车并行，不得逆向行驶。

（2）骑行电动车须佩戴安全头盔。

（3）骑车至路口，要主动地让机动车先行。遇红灯停止信号时，应停在停止线或人行横道线以内。严禁用推行或绕行的方法闯越红灯。

（4）骑车变道时，要伸手示意。左转弯时伸出左手示意；同时要选择前后暂无来往车辆时转弯，切不可在机动车驶近时急转猛拐，争道抢行。主动避让大型货车、客车或化工车辆。

（5）自行车在道路上停放，要按交通标志指定的地点和范围有秩序地停放；在不设置交通标志的支路上停放也要不影响车辆、行人的正常通行。

（6）骑车载物，长度不要超过车身，宽度不能超出车把宽度，高度不能超过骑车人的双肩。

（7）不要在道路上互相追逐、曲折竞驶、扶身并行。

（8）骑行时不要一手扶把，一手撑伞或操作手机，骑车不得接听电话。

（9）电动自行车在路段上横过机动车道，应当下车推行，有人行横道或者行人过街设施的，应当从人行横道或者行人过街设施通过；没有人行横道、没有行人过街设施或者不便使用行人过街设施的，在确认安全后直行通过。

三、货物安全知识

1. 货品包装安全

如果配送的是易碎品，你可以在里面多加点软垫，比如报纸之类的，那样不会对成本有影响，还可以起到保护的作用。

2. 货品装卸安全

（1）货物码放要均匀，必要时用绳子将货物系好、捆绑好。不可超高、超宽、超重，避免因重心不稳而导致货物破损。

（2）有冰鲜、冰冻商品时应优先配送。货物轻拿轻放，不得有抛扔、抛接等暴力装卸行为。

3. 货品配送安全

送货上门时，要注意车辆和其余货物安全，尽量存放在安全地带。

四、消防安全知识

（一）基本消防知识

（1）发现火灾迅速拨打火警电话119。报警时要讲清详细地址、起火部位、着火物质、火势大小、报警人姓名及电话号码，并派人到路口迎候消防车。

（2）燃气罐着火，要用浸湿的被褥、衣物等捂盖灭火，并迅速关闭阀门。

（3）电器或线路着火，要先切断电源，再用干粉或气体灭火器灭火，不可直接泼水灭火，以防触电或电器爆炸伤人。

（4）救火时不要贸然开门窗，以免空气对流，加速火势蔓延。

（5）不得损坏或私自挪用消防设施、设备、器材。

（6）保证消防通道的畅通，不要圈压、占用通道内的消防设施。

（7）不可将烟蒂、火柴杆等火种随意扔在废纸篓内或可燃杂物上。

（8）不要躺在床上或沙发上吸烟。

（9）使用液化石油气的厨房，不能同时使用煤炉、煤油炉等灶具，一旦液化气设备漏气，遇炉火能引起燃烧或爆炸。

（10）检查煤气漏气，可用软毛刷、毛笔或牙刷蘸肥皂水涂抹管道和灶具，凡肥皂水涂抹之处有气泡泛起的部位便是漏气处。

（11）煤气罐着火后，不要慌张，用湿的被褥衣物等把火捂住，然后迅速关闭煤气罐阀门，让煤气和氧气隔绝，从而将火灭掉。

（12）发现燃气泄漏，要迅速关闭气源阀门，打开门窗通风，切勿触动电气开关和使用明火，不要在燃气泄漏场所拨打电话、手机。

（13）使用电熨斗、电烙铁等电热器具，必须远离易燃物品，用完后应切断电源，拔下插头，以防意外。

（16）不要长时间连续使用电热毯，停电或人离开时要切断电源。

（17）电器或电气线路起火，首先要切断电源，再用灭火器或湿棉被等覆盖物灭火，不可带电直接泼水灭火，以防触电或电器爆炸伤人。

小贴士

消火栓使用方法
（1）打开消火栓箱；
（2）延伸水带；
（3）将水带的一端与消火栓接口连接，另一端接口与水枪连接；
（4）转开止水阀；
（5）双手紧握水带及水枪头，对准着火点射水即可灭火。

消防栓
FIRE HYORANT

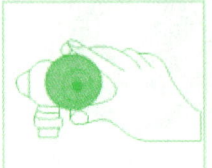 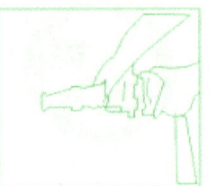 

1. 打开箱门　　　2. 连接水枪　　　3. 连接水带

4. 按下水泵按钮　　5. 打开阀门　　　6. 出水灭火

小贴士

干粉灭火器的使用方法
(1) 使用前，先把灭火器摇动数次，使瓶内干粉松散；
(2) 拔下保险销，对准火焰根部压下压把喷射；
(3) 在灭火过程中，应始终保持直立状态，不得横卧或颠倒使用；
(4) 灭火后防止复燃。

手提式干粉灭火器
使用方法及适用范围

拔出保险销　　　紧握喷嘴，对准火焰　　压下压把，即可喷射

普通固体材料火　可燃液体火　气体和蒸气火　带电物质火

（二）消防安全常识二十条

第一条　自觉维护公共消防安全，发现火灾迅速拨打119电话报警，消防队救火不收费。

第二条　发现火灾隐患和消防安全违法行为可拨打96119电话，向当地公安消防部门举报。

第三条　不埋压、圈占、损坏、挪用、遮挡、私自未经允许使用消防设施和器材。

第四条　不携带易燃易爆危险品进入公共场所、乘坐公共交通工具。

第五条　不在严禁烟火的场所动用明火和吸烟。

第六条　购买合格的烟花爆竹，燃放时遵守安全燃放规定，注意消防安全。

第七条　家庭和单位配备必要的消防器材并掌握正确的使用方法。

第八条　每个家庭都应制定消防安全计划，绘制逃生疏散路线图，及时检查、消除火灾隐患。

第九条　室内装修装饰不应采用易燃材料。

第十条　正确使用电器设备，不乱接电源线，不超负荷用电，及时更换老化电器设备和线路，外出时要关闭电源开关。

第十一条　正确使用、经常检查燃气设施和用具，发现燃气泄漏，迅速关阀门、开门窗，切勿触动电器开关和使用明火。

第十二条　教育儿童不玩火，将打火机和火柴放在儿童拿不到的地方。

第十三条　不占用、堵塞或封闭安全出口、疏散通道和消防车通道，不设置妨碍消防车通行和火灾扑救的障碍物。

第十四条　不躺在床上或沙发上吸烟，不乱扔烟头。

第十五条　学校和单位定期组织逃生疏散演练。

第十六条　进入公共场所注意观察安全出口和疏散通道，记住疏散方向。

第十七条 遇到火灾时沉着、冷静，迅速正确逃生，不贪恋财物、不乘坐电梯、不盲目跳楼。

第十八条 必须穿过浓烟逃生时，尽量用浸湿的衣物保护头部和身体，捂住口鼻，弯腰低姿前行。

第十九条 身上着火，可就地打滚或用厚重衣物覆盖，压灭火苗。

第二十条 大火封门无法逃生时，可用浸湿的毛巾、衣物等堵塞门缝，发出求救信号等待救援。

五、职业防护

（一）急救常识

1. 基本急救法

（1）人工呼吸术

① 口对口人工呼吸术：伤病员取仰卧位，救护者一手将病人下颌向上、向后托起，使病人头尽量向后仰，以保持呼吸道通畅。另一手将病人鼻孔捏紧，以免吹气时气体经鼻孔逸出。此时救护者先深吸一口气，对准病人口部用力吹入。吹完，嘴离开，捏鼻之手放松，如此反复实施。如果吹气时胸壁上举，吹气停止后病人口、鼻部有气流呼出，表示有效。每分钟吹气16~18次，直至病人自主呼吸恢复为止。

② 俯卧压背人工呼吸法：病人取俯卧位，救护人屈膝骑跨于病人臀部、大腿间，把双手平放背部肩胛骨下角（第七对肋骨处）。然后俯身向前，慢慢向下、向前用力压缩，将肺空气压出。松手，待胸部扩大后再压，如此反

复实施。每分钟压 16～18 次，直至病人自主呼吸恢复为止。

③ 仰卧压胸人工呼吸法：病人取仰卧位，头部充分后仰，可能情况下，由另一人将病人下颌托住，急救者跪跨于病人大腿两侧，双手平放在病人两乳房下部，然后俯身向下，向前挤压，将肺内空气压出，造成呼气。松手，待其胸部扩大形成吸气。如此反复实施。直至病人自主呼吸恢复为止。每分钟压 16～18 次。

（2）心脏按压术

① 双手挤压法：此法适用于成年病人。救护人双手重叠，将下手掌放于准备位置后，凭借救护人体重将力量传至臂、手掌。用力适度，有节奏带冲击性地挤压，使胸骨节陷 3～4 厘米。每次挤压后，随即放松，使胸部复位，心脏舒张，挤压与放松时间大致相等。

② 单手挤压法：适用于儿童病人。救护人用单手掌放于准备位置，方法同双手挤压法。

③ 拇指挤压法：适用于婴儿病人。救护人用单手拇指放于胸骨下 1/2 处。方法同上。

上述方法每分钟均挤压 60 次左右，儿童可略加快。有效的心脏按压在其颈动脉或股动脉处可摸到搏动，时间越长，则可见紫钳减轻，散大的瞳孔开始缩小，直至出现自主呼吸。

④ 复苏法之综合应用。口对口人工呼吸法和心脏按压术，在绝大多数抢救场合下是同时交替使用。一般是救护人每吹一口气，再做 4 次心脏按压。或者救护人先吹两口气，然后作 8～10 次心脏按压。如此反复实施，使吹进去的氧气，随着心脏按压，运送到全身各处。

（3）止血

① 一般止血法：较小伤口，用纱布、绷带压迫包扎即可。

② 加压包扎止血法：较大出血不易止住的伤口，以口罩、纱布、棉衣或布类做成垫子放在创口上，然后加压包扎。或在肢体弯曲处，如肘弯、膝弯处加垫，而后尽量屈曲肢体，进行捆扎，以达到压迫止血。

③ 指压止血法：较大的动脉出血，用手指、手掌或拳头紧压伤口附近出血血管的近心端（靠近心脏的一端），使血管被压闭住。达到中断血流止血的目的。

④ 止血带法：在上述措施均不能止血的紧急情况下采用。

最好选用弹性好的橡皮管、橡皮带，亦可就地取材，用胶布、绷带、腰带、衣袖、毛巾、布带等。此法一般应用于上、下肢止血。方法是将肢体抬高，局部垫上敷料、毛巾或衣服等软织物。将止血带适当拉长，在伤口的近心端绕肢体两周，至伤口无出血时打结固定。

小贴士

扎止血带一定要注意
① 止血带不要直接捆扎在皮肤上，要在皮肤上垫好敷料和毛巾等垫子。
② 尽量靠近伤口近心端，在上臂不能扎在中部。以免桡神经损伤。
③ 结紧时松紧适宜。太松不能达到止血目的。太紧易损伤皮肤、神经和肌肉。如只压住静脉未压住动脉，加重出血。
④ 止血带每40～60分钟应放松1～2分钟，以免肢体缺血坏死，伤口大、病情重，可延长时间，放松时应将创口压紧以减少出血。
⑤ 须在明显部位加以标记，注明扎带时间。

（4）搬运转送

① 徒手搬运法

扶行法：多于病情较轻，能够站立行走者。方法是救护人站于病人一侧，扶持其行走。

抱持法：多用于伤员不能行走，救护者只有一人时。方法是救护人一手放于伤员背部，一手放于伤员双大腿下，同时伤员双手抱住救护者颈部，抱起伤员上车或送就近医院。

背负法：多用于伤员不能行走时。方法是救护人可蹲或躺在伤员一侧，一手紧握伤员肩部，另一手抱其腿，用力将伤员负于救护人背上运送。

双人拉车式：方法是两个救护人分别站立在伤员头、足部。一人双手插入伤员腋下，将伤员抱入怀内，一人背立于伤员两腿之间，然后托起伤员步伐一致地运送。

② 器械搬运法：多用于病情严重，路途较远的伤员搬运。最常用的器械为帆布担架，没有时可用棉被或衣服（大衣）翻袖向内成两管，插入木棒两根，再将纽扣妥善扣好做成担架，亦可用躺椅担架（在躺椅两侧捆上两根木棍或杆）等。方法是将伤员平稳轻巧地移上担架，使伤员头在后，足在前，以便观察，救护人员步调一致地前进。

2. 急救操作

（1）骨折现场急救

① 前臂（桡骨及腕骨）急救：手臂呈屈肘状（上、前臂垂直），用四块夹板固定，固定时夹板长度上超过肘关节、下过手心，然后再用三角巾或绷带将患肢悬吊于胸前。

② 手部骨折急救：用手握纱布、棉花、手帕等，使之为功能位包扎。用夹板一块将手放在上面，固定于前臂，悬吊于胸前。

③ 小腿骨折（胫、腓骨骨折）急救：用夹板两块放于小腿内外侧固定。上至膝关节、下过足跟。

（2）烧烫伤急救

① 发生伤情后，组织工作必须沉着冷静，对多人烧伤，应区分轻重缓急，有条不紊地进行急救。

② 迅速脱离火、热源，消除致伤根源。将伤员搬离现场，尽快脱去着火或沸液浸渍的衣服。如果来不及脱衣，应就地慢慢地滚动或用手边材料覆盖着火处及用水浇灭或跳入附近水池中。严禁奔跑呼叫或用双手扑打火焰，以免引起头面部、呼吸道和双手烧伤。

③ 除烧伤外，检查有无其他伤害，如有休克、窒息、大出血、骨折时应首先处理。

④ 简单估计烧伤面积和深度。用敷料或干净被单、衣服等包裹创面。创面不可涂有色外用药如紫药水等，以免影响到医院后对烧伤面积和深度的估计。创面不可用尿淋，以免创面感染。创面水泡不要弄破。

⑤ 如伤员口渴，可饮盐开水、盐豆浆等，不可喝生水或过多喝开水。

⑥ 经以上初救后，迅速送往附近医院。

（3）化学灼伤急救

酸、碱烧伤急救：迅速脱离现场、清除残余化学物质，脱去衣服；用大量自来水冲洗，时间不能少于30分钟。强碱烧伤冲洗可持续数小时。石灰烧伤要先将石灰粉拭净后再冲洗；不宜用中和剂。因中和剂性质、浓度不易掌握，且中和后产热会加重烧伤；如有头、面部、眼睛等烧伤，应优先冲洗处理；烧伤创面包扎，禁用油质敷料；其他处理同热力烧伤；眼球被酸、碱及其他化学物灼伤及急救：酸碱烧伤关键在于立即用大量冷开水、井水或自来水冲洗结膜囊，越早越好，冲洗

时将眼睑裂分开，翻转上睑，使眼球向各方向转动或将眼浸入水内洗眼。有条件者经上述处理后，用抗生素软膏保护。

（4）煤气中毒急救

① 将伤员移到新鲜空气流动的地方。

② 松解衣扣及裤带，盖好衣物及被子，注意保暖。

③ 能喝水者，给予热糖茶水。

④ 必要时，可针刺人中穴。

⑤ 呼吸困难或刚停止呼吸者，立即口对口人工呼吸、同时施行胸外心脏挤压术。

⑥ 迅速送入医院急救。

（5）电击伤的急救

① 急救时应分秒必争，立即切断电源，用绝缘工具（木棍、竹竿、橡皮带等）挑开伤员身上电线。

② 如伤员呼吸、心跳停止，立即施行口对口人工呼吸和胸外心脏按压术，应坚持进行，越早，救活希望越大。一般而言，电击伤后心跳停止6分钟以上就很难抢救复跳，但我国医务工作者曾成功地抢救了心跳停止44分钟以上的电击伤伤员，因此凡遇电击伤伤员，不可轻易放弃抢救，原则上应在心跳停止后再抢救1小时以上。

③ 在进行口对口人工呼吸和胸外心脏按压的同时，有条件时可心内注射异丙肾上腺素0.5~1.0mg或1∶1000肾上腺素1mL，无效可重复加量。同时还可注射咖啡因、洛贝林、尼可刹米中枢兴奋剂。

④ 局部处理同一般烧伤。

（6）中暑的急救

① 有中暑先兆及轻症者：立即离开高温作业环境，到阴凉、安静、空气流通处休息，松解衣服，并给清凉饮料、淡盐水或浓茶。

② 重症或高热型者：需急救。a.迅速降温，置病人于凉爽通风处，解开衣服。b.头部、两腋下、腹股沟区等处置冰袋（有条件时）。c.用冰水、冷水、酒精擦身或喷淋。最终使肛温降至38℃左右，并防止温度复升。d.按摩四肢，防止血液淤滞。

③ 热痉挛者除上述处理外，给予饮用含盐饮料，有条件时静滴500～1000mL生理盐水即可。

最重要的是，要能识别老年人常见病、多发病症状，以及学会一些老年人健康突发紧急情况处理方法。如果碰到老人晕倒、气喘等其他情况，能够第一时间做现场处理。如果直接送到老人家里，送餐人员还要提示用餐注意事项，比如当天的菜有鱼刺、骨头或过烫等。如果老人要求送餐人员协助摆放食品，应该满足老人要求。对于视力低或者高龄老人，要告知饭、菜、汤摆放的位置。

（二）意外交通事故处理

1.交通事故处理程序

（1）简易程序：发生财产损失且无争议时自行协商，发生财产损失有争议时走简易程序，当有人员伤亡时直接走一般程序。

① 案情简单、仅造成车物损失或人员受轻微伤的轻微、一般事故，当事人对事故事实及责任认定无争议的，可适用简易程序。

② 当事人根据快速处理事故现场的有关规定自行处理现场后，经事故科（组）确认无误的，可适用简易程序。

（2）一般程序：对不适用简易程序的其他交通事故，及当事人不同意使用简易程序的交通事故，应使用一般程序处理。

调查取证：①交通事故当事人应当按规定接受讯问，如实回答。证人接受询问时应当如实反映情况。②因检验鉴定需要，公安交通管理机关可暂扣交通事故车辆、嫌疑车辆、车辆牌证和当事人驾驶证，并开具《暂扣凭证》。③对仅造成车物损失使用简易程序处理的交通事故，不得暂扣无责任一方的事故车辆。④采集、提取交通事故现场的痕迹、物证，按照处理交通事故的有关规定、标准进行。⑤公安交通管理机关可按规定检验交通事故死者尸体。⑥公安机关应当根据医院证明和公安部关于道路交通事故伤残评定标准，评定伤残等级。

责任认定：① 公安机关在查明交通事故原因后，应当根据当事人的违章行为与交通事故的因果关系，以及违章行为在交通事故中的作用，认定当事人的交通事故责任。② 无法查明交通事故原因，按下列规定认定事故责任：

A. 当事人逃逸或者故意破坏、伪造现场、毁灭证据，使交通事故责任无法认定的，应当负全部责任。

B. 当事人一方有条件报案而未报案或者未及时报案，使交通事故责任无法认定的，应当负全部责任。

C. 当事人各方有条件报案而均未报案或者未及时报案，使交通事故责任无法认定的，应当负同等责任；但机动车与非机动车、行人发生交通事故的，机动车一方应当负主要责任，非机动车、行人一方负次要责任。

③交通事故责任认定完毕后，应当制作责任认定书，并按规定宣布和送达当事人。

交通事故责任重新认定：当事人对交通事故责任认定不服的，应在接到责任认定书后十五日内，向上一级公安交通管理机关书面申请交通事故责任重新认定。申请交通事故责任重新认定的，应携带《道路交通事故责任认定决定书》原件,并提出书面申请或填写申请表。上一级公安机关应在接到重新认定申请书后三十日内做出维持、变更或者撤销的决定,制作《道路交通事故责任重新认定决定书》,并告知当事人享有的权利。

(3)行政处罚

根据事故当事人的违章事实、事故责任,应当按照有关规定对事故当事人给予行政处罚,并依照行政处罚程序规定告知当事人的权利。

损害赔偿调解:办案人员应按规定对事故造成的损害进行赔偿调解。经调解,各方当事人达成损害赔偿协议的,由办案人员制作《道路交通事故损害赔偿调解书》并送达各方当事人。在规定时限内经两次调解,各方当事人未达成损害赔偿协议的,办案人员制作《损害赔偿调解终结书》送达各方当事人,由各方当事人到法院提起民事诉讼。

(4)交通逃逸事故的追查

发生交通逃逸事故后,受害人或目击者应记清肇事逃逸车的车牌号、车型、颜色及逃逸方向,并立即拨打122,公安交通管理机关负责查找肇事者、肇事车辆,调查取证。

(5)凡在道路上发生的仅造成车辆物品损失的交通事故,当事人对发生事故的事实无争议的,可自行处理现场。

小贴士

当事人可自行处理事故现场的范围
① 后车与前车未保持安全距离发生的追尾事故;
② 驶入禁行线与正常行驶的车辆发生的交通事故;
③ 驶入逆行与正常行驶的车辆发生的交通事故;
④ 转弯车未让直行车先行发生的交通事故;
⑤ 支路车未让干路车先行发生的交通事故;
⑥ 变更车道的车辆未让本车道内正常行驶的车辆先行发生的交通事故。

交通事故由当事人自行处理现场的，应按下列程序办理：

① 处理现场，当事人应记清对方的姓名、单位、车种、车牌号。

② 处理现场后，由肇事方写明事故事实，经双方签字后，交给受害方。双方交换驾驶证或有效身份证件。

③ 当事双方应在 2 小时之内（特殊情况可延长至 3 小时）驾驶发生事故的车辆共同到当地公安交通管理机关报案，逾期不到的按不及时报案认定责任。

④ 对于损失轻微的交通事故，当事人可以自行协商解决。

⑤ 处理现场后，当事双方对事故事实有争议的，公安交通管理机关按处理现场前肇事方写明的事故事实认定责任。

（6）发生碰撞固定物的单方交通事故时，肇事驾驶员或有关人员应立即报案，并将车辆移至路边或不妨碍交通的地点，等候公安交通管理机关的处理。

（7）对当事人按规定自行处理现场的交通事故，公安交通管理机关按事故处理简易程序办理结案手续，不再受理此事故责任的重新认定，经济赔偿只调解一次。当事双方未达成协议或不履行调解结果的，任何一方均可到人民法院提起民事诉讼。

2. 出车祸后如何处理

（1）出车祸后保护现场最关键：没有一个驾驶者希望发生车祸，但是车祸一旦发生，最重要的当然是救治伤者，其次才是责任归属的认定。正确的责任归属认定，除了给受害者一个公道，也可以提醒、教育车辆驾驶者树立正确的驾车观念。

肇事责任鉴定者只能从肇事双方各自的陈述中做出判断，这个时候，现场迹证就成为最可靠的线索。因此，在车祸发生时最好的自保策略就是尽量地保留现场完整。分两个方面说明：第一是不移动、破坏现场，其次则是万不得已、必须移动现场时，记得要先用照相器材及油漆（喷漆），记录被移动的物品原先的位置。

注意事项

（1）车祸发生后，应立即将伤者位置以油漆（或喷漆、粉笔之类的可做记号物品）标示后将其送医，车辆如阻碍交通，标示其位置后再予排除。

（2）制作现场图及照片：除了警方例行的绘图外，建议读者自行制作现场图，将现场车辆相对位置、碎片位置、人员倒地位置、零件散落位置、刹车痕迹及车道标线等一一标示清楚、并拍摄照片。

（3）寻找现场目击证人，并留下证人资料、以供日后联络之用。

（4）将自己制作的现场图复制后交给警方供参考。

（5）联络保险公司人员，伤者或死者只要备齐肇事证明文件（请警方开具）及医疗费用单，不需通过肇事者即可直接请求保险公司理赔。

小贴士

怎样保护交通事故现场？

（1）看现场散落物等情况，确定现场范围，进行封闭保护，即：用白灰、粉笔、砂石、木杆、树枝或草绳等物将现场圈起来，不准车辆和行人进入。

（2）遇有下雨、下雪、刮风等自然现象，对现场可能造成破坏时可用席子、塑料布等将现场上的尸体、血迹、车痕、制动印痕和其他散落物等遮盖起来。即若抢救伤者，必须移动车辆或其他物品时，也必须做出标记，以证明现场的变动情况。

3.出车祸后的诉讼时效

如果交通事故当事人在收到交通事故认定书后十日内均向公安机关提出书面调解申请，调解未达成协议的，公安机关应制作调解终结书并送达当事人，诉讼时效自当事人收到调解终结书之日起算；调解未达成协议，公安机关未制作调解终结书的，诉讼时效自调解失败之日起算；调解达成协议，但当事人不履行的，自调解书中写明的履行期限届满之日起算。

交通事故当事人未向公安机关提出调解申请的，诉讼时效从知道或应当知道权利被侵害时起算。人身损害赔偿的诉讼时效期间，伤害明显的，从伤害之日起算；伤害当时未曾发现，后经检查确诊并能证明是由侵害引起的，从伤势确诊之日起算。

4. 道路交通事故赔偿项目的赔偿标准

《人身损害赔偿解释》在赔偿项目方面和赔偿标准方面贯彻了全面赔偿的原则。其中赔偿项目方面增加了康复费、后续治疗费两项，并用"残疾赔偿金"代替"残疾者生活补助费"。具体体现在《人身损害赔偿解释》第17条、第18条的规定：

（1）受害人遭受人身损害的赔偿项目包括：医疗费、误工费、护理费、交通费、住宿费、住院伙食补助费、必要的营养费。

（2）受害人因伤致残的赔偿项目除第1项外还包括：残疾赔偿金、残疾辅助器具费、被扶养人生活费，以及因康复护理、继续治疗实际发生的必要的康复费、护理费、后续治疗费。

（3）受害人死亡的赔偿项目包括：除第1项费用外，还包括赔偿丧葬费、被扶养人生活费、死亡补偿费以及受害人亲属办理丧葬事宜支出的交通费、住宿费和误工损失等其他合理费用。

5. 车祸致死赔偿标准

按照受诉法院所在地上一年度城镇居民人均可支配收入或者农村居民人均纯收入标准来计算。死亡赔偿金是结合受害人的身份来确定，赔偿标准订了二等。

第一等：城市居民按照受诉法院所在地上一年度城镇居民人均可支配收

入赔偿。

第二等：农村居民，是按照受诉法院所在地上一年度农村居民人均纯收入标准来计算。普遍的以户籍为准，城镇户籍的，死亡赔偿金按照城镇居民人均可支配收入标准计算；农村户籍的，以农村居民人均纯收入标准计算。在同一个事件中受害，用不同的标准来赔偿，应该说有问题，但这是规定。

最高法院司法解释确定的死亡赔偿采取的是"继承丧失说"理论，确认死亡赔偿金是对未来收入减少的补偿，根据我国目前的情况，农村户籍人员在城镇就业或者安家、定居的情况极其普遍，这部分农村户籍人员的收入、生活支出与城镇户籍的人并无什么不同，因此以死者经常居住地作为适用城镇标准或农村标准的条件更公平、更切合实际，也更符合立法原意。

最高法院的司法解释根据客观计算方法，以定型化赔偿模式来确定死亡赔偿金的赔偿标准和赔偿年限，具体为：一次性赔偿20年，死亡赔偿是固定的，受害人是60周岁以上的，年龄每增加一岁减少一年，75周岁以上的，按5年计算。死亡赔偿金赔偿的对象是余命，但又不完全是余命，如果年龄太小，赔偿20年就完了，年龄大一点的就是年龄每增加一岁就减少一年。

教程六　配送服务业相关的法律、法规

为什么要学习配送服务业相关的法律、法规知识?

1. 依法经营的需要

快递服务业被正式写入,于2009年4月24日通过中华人民共和国第十一届全国人民代表大会常务委员会第八次会议修订后的《邮政法》,并于2009年10月1日起施行。标志着快递服务业正式纳入邮政业,确立了法律地位。同时,也对快递服务业依法经营提出了更高的要求。因此,作为快递服务业的从业人员,必须掌握相关的法律知识。

2. 快递服务企业自我保护的需要

快递服务业在经营过程中,难免会出现问题或与客户发生理赔纠纷等,可以依据法律、法规维护自己的合法权益。

一、网约配送员管理规定

第一章　总则

第一条　为加强快递市场管理,维护国家安全和公共安全,保护用户合法权益,促进快递服务健康发展,依据《中华人民共和国邮政法》及有关法律、行政法规,制定本办法。

第二条　从事快递业务经营活动应当遵守本办法。

第三条　本办法所称快递,是指在承诺的时限内快速完成的寄递活动。

寄递,是指将信件、包裹、印刷品等物品按照封装上的名址递送给特定个人或者单位的活动,包括收寄、分拣、运输、投递等环节。

第四条　经营快递业务的企业应当依法经营,诚实守信,公平竞争,为用户提供迅速、准确、安全、方便的快递服务。

第五条 公民的通信自由和通信秘密受法律保护。

除因国家安全或者追查刑事犯罪的需要，由公安机关、国家安全机关或者检察机关依照法律规定的程序对通信进行检查外，任何组织或者个人不得以任何理由侵犯他人的通信自由和通信秘密。

第六条 国务院邮政管理部门负责对全国快递市场实施监督管理。

省、自治区、直辖市邮政管理机构负责对本行政区域的快递市场实施监督管理。

按照国务院规定设立的省级以下邮政管理机构负责对本辖区的快递市场实施监督管理。

第七条 国务院邮政管理部门和省、自治区、直辖市邮政管理机构以及省级以下邮政管理机构（以下统称邮政管理部门）对快递市场实施监督管理，应当遵循公开、公平、公正以及鼓励竞争、促进发展的原则，规范快递服务，满足经济社会发展的需要。

邮政管理部门应当加强快递市场安全监督管理，维护寄递安全与信息安全。

第八条 快递行业协会应当依照法律、行政法规及其章程规定，制定快递行业规范，加强行业自律，为企业提供信息、培训等方面的服务，促进快递行业的健康发展。

第二章 经营主体

第九条 国家对快递业务实行经营许可制度。

经营快递业务，应当依照《中华人民共和国邮政法》的规定，向邮政管理部门提出申请，取得快递业务经营许可；未经许可，任何单位和个人不得经营快递业务。

第十条　邮政管理部门根据企业的服务能力审核经营许可的业务范围和地域范围，对符合规定条件的，发放快递业务经营许可证，并注明经营许可的业务范围和地域范围。

经营快递业务的企业应当在经营许可范围内依法从事快递业务经营活动，不得超越经营许可业务范围和地域范围。

第十一条　任何单位和个人不得伪造、涂改、冒用、租借、倒卖和非法转让快递业务经营许可证。

取得快递业务经营许可的企业不得以任何方式将快递业务委托给未取得快递业务经营许可的企业经营，不得以任何方式超越经营许可范围委托经营。

第十二条　取得快递业务经营许可的企业设立分公司、营业部等非法人分支机构，凭企业法人快递业务经营许可证（副本）及所附分支机构名录，到分支机构所在地工商行政管理部门办理注册登记。

企业分支机构取得营业执照之日起二十日内到所在地邮政管理部门办理备案手续。

快递业务经营许可证（副本）载明的股权关系、注册资本、业务范围、地域范围发生变更的，或者增设、撤销分支机构的，应当报邮政管理部门办理变更手续，并持变更后的快递业务经营许可证办理工商变更登记。

第十三条　快递企业进行合并、分立的，应当在合并、分立协议签订之日起二十日内，向颁发快递业务经营许可证的邮政管理部门备案。

备案应当提交以下材料：

（一）快递业务经营许可证；

（二）合并、分立协议；

（三）上一年度快递业务经营许可年度报告书。

合并、分立后新设立的企业法人经营快递业务的，应当依法取得快递业务经营许可。

合并、分立涉及外商投资企业的，应当遵守国家有关外商投资快递业务的相关规定。

第十四条　以加盟方式经营快递业务的，被加盟人与加盟人均应当取得快递业务经营许可，加盟不得超越被加盟人的经营许可范围。

被加盟人与加盟人应当签订书面协议约定双方的权利义务，明确用户合法权益发生损害后的赔偿责任。

参与加盟经营的企业，应当遵守共同的服务约定，使用统一的商标、商号、快递服务运单和收费标准，统一提供跟踪查询和用户投诉处理服务。

第十五条　经营快递业务的企业应当按照国务院邮政管理部门的规定，向颁发快递业务经营许可证的邮政管理部门提交年度报告书。

第三章　快递服务

第十六条　经营快递业务的企业应当按照快递服务标准，规范快递业务经营活动，保障服务质量，维护用户合法权益，并应当符合下列要求：

（一）填写快递运单前，企业应当提醒寄件人阅读快递运单的服务合同条款，并建议寄件人对贵重物品购买保价或者保险服务；

（二）企业分拣作业时，应当按照快件（邮件）的种类、时限分别处理、分区作业、规范操作，并及时录入处理信息，上传网络，不得野蛮分拣，严禁抛扔、踩踏或者以其他方式造成快件（邮件）损毁；

（三）企业应当在承诺的时限内完成快件（邮件）的投递；

（四）企业应当将快件（邮件）投递到约定的收件地址和收件人或者收件人指定的代收人。

第十七条　经营快递业务的企业投递快件（邮件），应当告知收件人当面验收。

快件（邮件）外包装完好的，由收件人签字确认。

投递的快件（邮件）注明为易碎品及外包装出现明显破损的，企业应当告知收件人先验收内件再签收。

企业与寄件人另有约定的除外。

对于网络购物、代收货款以及与用户有特殊约定的其他快件（邮件），企业应当与寄件人在合同中明确投递验收的权利和义务，并提供符合约定的验收服务；验收无异议后，由收件人签字确认。

第十八条 经营快递业务的企业应当在营业场所公示或者以其他方式向社会公布其服务种类、服务时限、服务价格、损失赔偿、投诉处理等服务承诺事项。

服务承诺事项发生变更的，企业应当及时发布服务提示公告。

第十九条 经营快递业务的企业应当遵循公平原则，以书面合同确定企业与用户双方的权利和义务。

对免除或者限制企业责任及涉及快件（邮件）损失赔偿的条款，应当在快递运单上以醒目的方式列出，并予以特别说明。

第二十条 在快递服务过程中，快件（邮件）发生延误、丢失、损毁和内件不符的，经营快递业务的企业应当按照与用户的约定，依法予以赔偿。

企业与用户之间未对赔偿事项进行约定的，对于购买保价的快件（邮件），应当按照保价金额赔偿。

对于未购买保价的快件（邮件），按照《中华人民共和国邮政法》《中华人民共和国合同法》等相关法律规定赔偿。

第二十一条 经营快递业务的企业应当建立与用户沟通的渠道和制度，向用户提供业务咨询、查询等服务，并及时处理用户投诉。

经营快递业务的企业对邮政管理部门转办的用户申诉，应当及时妥善处理，并按照国务院邮政管理部门的规定给予答复。

第二十二条　经营快递业务的企业应当按照国家有关规定建立突发事件应急机制。

发生重大服务阻断、暂停快递业务经营活动时，经营快递业务的企业应当按照有关规定在二十四小时内向邮政管理部门和其他有关部门报告，并向社会公告；以加盟方式开展快递业务经营的，被加盟人、加盟人应当分别向所在地邮政管理部门报告。

经营快递业务的企业在事故处理过程中，应当对所有与事故有关的资料进行记录和保存。

相关资料和书面记录至少保存一年。

第二十三条　经营快递业务的企业应当妥善应对快递业务高峰期，做好业务量监测，加强服务网络统筹调度，及时向社会发布服务提示，认真处理用户投诉。

第二十四条　经营快递业务的企业对无法投递的快件（邮件），应当退回寄件人。

对无法投递又无法退回寄件人的快件（邮件），企业应当登记，并按照国务院邮政管理部门的规定和快递服务标准处理；其中无法投递又无法退回的进境国际快件（邮件），应当依照相关规定交由有关部门处理。

第二十五条　经营快递业务的企业在从事快递业务的同时，向用户提供代收货款服务的，应当建立有关安全管理制度，与寄件人的合同中应当对代收货款服务的权利和义务进行约定。

提供代收货款服务，涉及金融管理规定的，应当接受相关部门的监督管理。

第二十六条　经营快递业务的企业应当按照国家关于快递业务员职业技能的规定，加强快递从业人员职业技能培训，组织符合条件的快递从业人员参加职业技能鉴定。

第二十七条　经营快递业务的企业不得实施下列行为：

（一）违反国家规定，收寄禁止寄递的物品，或者未按规定收寄限制寄递的物品；

（二）相互串通操纵市场价格，损害其他经营快递业务的企业或者用户的合法权益；

（三）冒用他人名称、商标标识和企业标识，扰乱市场经营秩序；

（四）违法扣留用户快件（邮件）；

（五）违法提供从事快递服务过程中知悉的用户信息；

（六）法律、法规禁止的其他行为。

第二十八条　快递从业人员不得实施下列行为：

（一）扣留、倒卖、盗窃快件（邮件）；

（二）违法提供从事快递服务过程中知悉的用户信息；

（三）法律、法规禁止的其他行为。

第四章　快递安全

第二十九条　任何组织和个人不得利用快递服务网络从事危害国家安全、社会公共利益或者他人合法权益的活动。

下列物品禁止寄递：

（一）法律、行政法规禁止流通的物品；

（二）危害国家安全和社会政治稳定以及淫秽的出版物、宣传品、印刷品等；

（三）武器、子弹、麻醉物、生化制品、传染性物品和爆炸性、易燃性、腐蚀性、放射性、毒性等危险物品；

（四）妨害公共卫生的物品；

（五）流通的各种货币；

（六）法律、行政法规和国家规定禁止寄递的其他物品。

第三十条　经营快递业务的企业应当遵守《中华人民共和国邮政法》《邮政行业安全监督管理办法》等相关规定，建立并严格执行收寄验视制度，加强生产安全和应急管理。

第三十一条　经营快递业务的企业对不能确定安全性的可疑物品，应当要求用户出具相关部门的安全证明。

用户不能出具安全证明的，不予收寄。

经营快递业务的企业收寄已出具安全证明的物品时，应当如实记录收寄物品的名称、规格、数量、重量、收寄时间、寄件人和收件人名址等内容。

记录保存期限不少于一年。

第三十二条　经营快递业务的企业接受网络购物、电视购物和邮购等经营者委托提供快递服务的，应当遵守邮政管理部门的规定，与委托方签订安全保障协议，并向颁发快递业务经营许可证的邮政管理部门备案。

第三十三条　经营快递业务的企业设置快件（邮件）处理场所，应当事先征询邮政管理部门及有关部门的意见，并按照国家有关规定预留相关工作场地，其设计和建设应当符合国家安全机关和海关依法履行职责的要求。

第五章　监督管理

第三十四条　国家鼓励和引导经营快递业务的企业采用先进技术，充分利用交通运输资源，促进规模化、品牌化、网络化经营。

第三十五条　邮政管理部门应当结合邮政行业安全监督管理的实际，指导和监督经营快递业务的企业落实安全责任制，依法对经营快递业务的企业实施安全监督检查，并依照相关规定对妨害或者可能妨害行业安全的经营快递业务的企业进行调查和处理。

邮政管理部门应当加强对突发事件的管理，督促经营快递业务的企业定期组织开展突发事件应急演练。

第三十六条　国务院邮政管理部门建立以公众满意度、时限准时率和用户申诉率为核心的快递服务质量评价体系，指导评定机构定期测试评估快递行业服务水平，评定服务质量等级，并向社会公告。

第三十七条　邮政管理部门应当依法及时处理用户对经营快递业务的企业提出的申诉，并自接到申诉之日起三十日内作出答复。

任何单位和个人有权向邮政管理部门举报违反本办法的行为。

邮政管理部门接到举报后，应当依法及时处理。

第三十八条　邮政管理部门应当加强对经营快递业务的企业及其从业人员遵守本办法情况的监督检查。

邮政管理部门依法实施监督检查，可以采取下列措施：

（一）进入有关场所进行检查；

（二）查阅、复制有关文件、资料、凭证；

（三）约谈有关单位和人员；

（四）经邮政管理部门负责人批准，查封与违法活动有关的场所，扣押用于违法活动的运输工具以及相关物品，对信件以外的涉嫌夹带禁止寄递或者限制寄递物品的快件（邮件）开拆检查。

第三十九条　邮政管理部门工作人员应当严格按照法定程序进行监督检查。

实施监督检查时，应当出示执法证件，并由两名或者两名以上工作人员共同进行。

被检查单位及其有关人员应当予以配合，不得拒绝、阻碍，并对有关情况予以保密。

邮政管理部门工作人员对监督检查过程中知悉的被检查单位的技术秘密和业务秘密，应当保密。

第六章　法律责任

第四十条　经营快递业务的企业违反快递服务标准，严重损害用户利益，由邮政管理部门责令改正，处五千元以上三万元以下的罚款。

第四十一条　违反本办法第十条规定的，由邮政管理部门责令改正，处五千元以上三万元以下的罚款。

第四十二条　违反本办法第十一条第二款规定的，由邮政管理部门责令改正，处一万元以下的罚款；情节严重的，处一万元以上三万元以下的罚款。

第四十三条　违反本办法第十四条规定的，由邮政管理部门责令改正，处五千元以上三万元以下的罚款。

第四十四条　违反本办法第十六条第（二）项规定的，由邮政管理部门处一万元罚款；情节严重的，处一万元以上三万元以下的罚款。

第四十五条　违反本办法第十八条、第二十一条、第二十二条、第三十一条规定的，由邮政管理部门责令改正，处三千元以上三万元以下的罚款。

第四十六条　违反本办法第二十四条第二款规定，未按照国务院邮政管理部门规定处理无法投递又无法退回寄件人的快件的，由邮政管理部门对快递企业处三千元以上一万元以下的罚款；情节严重的，处一万元以上三万元以下的罚款。

第四十七条　违反本办法第二十七条第（一）项、第（五）项规定的，分别依照《中华人民共和国邮政法》第七十五条、第七十六条的规定予以处罚。

违反本办法第二十七条第（四）项规定的，由邮政管理部门责令改正，对快递企业处一万元以上三万元以下的罚款。

违反本办法第二十七条第（二）项、第（三）项规定的，由国家有关部门依法处理。

第四十八条　违反本办法第二十八条规定的，由邮政管理部门责令改正，依法没收违法所得，对直接责任人员处五千元以上一万元以下的罚款；构成犯罪的，依法追究刑事责任。

第四十九条　邮政管理部门工作人员违反本办法第三十七条第一款、第三十九条规定的，依法给予行政处分；构成犯罪的，依法追究刑事责任。

第五十条　拒绝、阻碍邮政管理部门及其工作人员依法履行监督检查职责的，依照《中华人民共和国邮政法》第七十七条的规定予以处罚。

第五十一条　公民、法人或者其他组织认为邮政管理部门的具体行政行为侵犯其合法权益的，可以依法向上一级邮政管理部门申请行政复议或者直接向人民法院起诉。

经营快递业务的企业逾期不履行邮政管理部门处罚决定的，由邮政管理部门依法申请人民法院强制执行。

第七章　附则

第五十二条　本办法自 2013 年 3 月 1 日起施行。

交通运输部 2008 年 7 月 12 日发布的《快递市场管理办法》（交通运输部令 2008 第 4 号）同时废止。

国务院法制办：快递条例征求意见，快递员抛扔、踩踏包裹拟最高罚 5 万元。

国务院法制办就《快递条例（征求意见稿）》（下称"意见稿"）公开征求意见。

意见稿规定，快递公司及从业人员以抛扔、踩踏或者其他危害快件安全的方法处理快件的，最高可罚款 5 万元。

此外，快递企业还应建立快件运单及电子数据管理制度，定期销毁快件运单，确保用户信息安全。

1. 关于野蛮分拣

抛扔、踩踏快件可停业整顿。

经营快递业务的企业分拣作业时，应当规范操作，不得以抛扔、踩踏或者其他危害快件安全的方法处理快件。

如果存在上述违规行为，由邮政管理部门责令改正，可以处 1 万元以下的罚款；情节严重的，处 1 万元以上 5 万元以下的罚款，并可以责令停业整顿。

意见稿规定，经营快递业务的企业应当将快件投递到约定的收件地址、收件人或者收件人指定的代收人，并应当按照承诺的时限完成递送服务。

（2）因特殊原因导致承诺的时限发生变更的，应当征得用户的同意。

未遵守共同的服务约定，在服务质量、安全保障、业务流程等方面实行统一管理，或者未向用户提供统一的跟踪查询和投诉处理服务的，由邮政管理部门责令改正，处 5 万元以上 10 万元以下的罚款；情节严重的，处 10 万元以上 20 万元以下的罚款，并可以责令停业整顿。

因快件发生延误、丢失、损毁或者内件短少而造成用户合法权益受到损害的，企业应当承担连带责任。

2. 关于用户信息

企业应定期销毁快件运单。

经营快递业务的企业应建立快件运单及电子数据管理制度，定期销毁快件运单，确保用户信息安全。

经营快递业务的企业及其从业人员不得非法出售或者泄露快递服务过程

中知悉的用户信息。

在发生或者可能发生用户信息泄露、毁损、丢失的情况时，经营快递业务的企业应当立即采取补救措施，并向所在地邮政管理机构报告。

未按照规定建立快件运单及电子数据管理制度，或出售、泄露用户信息，尚不构成犯罪，或在发生或者可能发生用户信息泄露、毁损、丢失等情况时，未立即采取补救措施，并未向所在地邮政管理机构报告的，由邮政管理部门责令改正，没收违法所得，处1万元以上5万元以下的罚款，并可以责令停业整顿直至吊销其快递业务经营许可证。

二、与网约配送服务业直接相关的法律、法规

《中华人民共和国邮政法》《中华人民共和国合同法》、民法通则、交通运输法、《快递市场管理办法》、其他（工商、税务、相关法律、法规）。

《中华人民共和国邮政法》《合同法》主要条款及其工作实践中的注意事项：

《邮政法》

《邮政法》主张"保护通信自由和通信秘密，保护用户的合法权益"。

1. 第三条第二款，第五十九条中规定：

除法律另有规定外，任何组织或者个人不得检查、扣留邮件、快件和汇款。

2. 第三十五条第一款、第五十九条中规定：

任何单位和个人不得私自开拆、隐匿、毁弃他人邮件、快件。

3. 第三十六条、第五十九条中规定：

因国家安全或追查刑事犯罪的需要，公安机关、国家安全机关或者检察机关可以依法检查、扣留有关邮件、快件，并可以要求邮政企业、快递企业提供相关用户使用邮政服务、快递服务的信息，邮政企业、快递企业和有关单位应当配合，并对有关情况予以保密。

4. 第三十五条第二款，第五十九条中规定：

除法律另有规定外，邮政企业及其从业人员，快递企业及其从业人员不得向任何单位或者个人泄漏用户使用邮政服务、快递服务的信息。

《邮政法》同时规定了相关法律责任。

（1）冒领、私自开拆、隐匿、毁弃或者非法检查他人邮件、快件，尚不构成犯罪的，依法给予治安管理处罚。（第七十一条）

（2）邮政企业、快递企业违法提供用户使用邮政服务或者快递服务的信息，尚不构成犯罪的，由邮政管理部门责令改正，没收违法所得，并处一万元以上五万元以下的罚款；对邮政企业直接负责的主管人员和其他直接责任人员给予处分；对快递企业，邮政管理部门还可以责令停业整顿直至吊销其快递业务经营许可证。（第七十六条第一款）。邮政企业、快递企业从业人员有上述违法行为，尚不构成犯罪的，由邮政管理部门责令改正，没收违法所得，并处五千元以上一万元以下的罚款。（第七十六条第二款）

快递业务经营许可制度

1. 第五十一条第一款中规定：

经营快递业务，应当依法取得快递业务经营许可；未经许可任何单位和个人不得经营快递业务。

2. 第五十二条规定，申请快递业务经营许可，应当具备下列条件：

一是符合企业法人条件；（民法通则中有关法人的定义）

二是在省、自治区、直辖市范围内经营的注册资本不低于人民币五十万

元,跨省、自治区、直辖市经营的,注册资本不低于人民币一百万元,经营国际快递业务的,注册资本不低于人民币二百万元;

三是有与申请经营的地域范围相适应的服务能力;

四是严格的服务质量管理制度和完备的业务操作规范;

五是有健全的安全保障制度和措施;

六是法律、行政法规规定的其他条件。

对快递企业的专门要求

1. 快递企业设立分支机构或者合并、分立的,应当向邮政管理部门备案。(第五十四条)

2. 快递企业经营邮政企业专营业务范围以外的信件快递业务,应当在信件封套的显著位置标信件字样,不得将信件打包后作为包裹寄递。(第五十六条)

3. 快递企业停止经营快递业务的,应当书面告知邮政管理部门,交回快递业务经营许可证,并对尚未投递的快件按照国务院邮政管理部门的规定妥善处理。(第五十八条)

4. 对违反上述行为规范的快递企业,《邮政法》规定,由邮政管理部门责令改正,可以处一万元以下的罚款;情节严重的,处一万元以上五万元以下的罚款,并可以责令停业整顿。(第七十三条)

5. 快件验视制度。

6. 其他规定:

(1)扰乱邮政营业场所、快递企业营业场所正常秩序的;非法拦截、强登、扒乘运送邮件、快件的车辆尚未构成犯罪的,依法给予治安管理处罚。(第八十条第三、四款)

(2)违反本法规定,构成犯罪的,依法追究刑事责任。(第八十二条)

《合同法》

1. 合同的定义

本法所称合同是平等主体的自然人、法人、其他组织之间设立、变更、终止民事权利义务关系的协议。（第二条）

2. 格式合同是合同的一种形式，合同法三十九、四十、四十一条对格式合同有明确规定：

采用格式条款订阅合同的，提供格式条款的一方应遵循公平原则确定当事人之间的权利和义务，并采取合理的方式提请对方注意免除或者限制其责任条款，按照对方的要求，对该条款予以说明。

格式条款是当事人为了重复使用而预先拟定，并存订阅合同时未与对方协商的条款……

3. 工作实践中的注意事项

（1）业务员揽收快件时，必须请客户在面单寄件人栏目签名，经办业务员也必须签名，这意味着面单背书格式条款生效，客户对条款内容知情。

（2）提醒客户规范包装，因背书条款中有包装要求的条款，快递从业人员对包装、产品性能等均是外行，而寄件人是内行。

（3）提醒禁寄物品不得寄递，告知客户寄递的后果。开箱验视必须让客户当面自行打开，不然无意中违反《邮政法》的规定。

（4）在与客户发生赔偿纠纷或因纠纷引起诉讼时，必须以"快递服务合同"纠纷进行陈述，而不要误入"运输合同"纠纷，其标准不一样，对快递企业不利。而快递服务合同则以面单背面的背书条款（格式条款）为依据。

（5）区别是否有"霸王条款"，格式合同是否有效，除做好注意事项（一）以外，着重注意两点：一是快递公司的面单设计、格式条款的制订，均经所属地工商总局审核、备案；二是面单正面寄件人签名栏之上以黑体字提醒："请在签字前阅读背书条款，贵重物品请保价，未保价物品的理赔金额最高为资费的5倍。"这样就已尽到提请注意的义务。

（6）网点的关停与开通，必须向管局备案，开通经营必须获得许可。

（7）不可抗力必须符合法律的解释范围。不可抗力是指不能预见、不能避免并且不能克服的客观情况。如战争、重大自然灾害等。

（8）格式合同服从其他书面约定合同。因此，与客户签订合同时不能大意，否则会吃亏。

（9）从业人员必须守法，否则除治安管理处罚外，须负刑事责任。如私拆、隐匿、偷盗、扣留快件等违法行为。

教程七　配送知识模拟测试题

一、配送作业认知

一、单选题

1. 配送是指"在（A），根据用户的要求，对物品进行拣选、加工、包装、分割、组配等作业，并按时送达指定地点的物流活动。"

　　A. 经济合理区域范围内　　　　B. 城市范围内

　　C. 工厂区域内　　　　　　　　D. 城市之间

2. 配送将物流和（C）紧密结合起来。

　　A. 装卸　　　B. 供应链　　　C. 商流　　　D. 仓储

3. 将分散的或小批量的物品集中起来，以便进行运输、配送的作业称为（A）。

　　A. 集货　　　B. 分货　　　C. 存货　　　D. 流通

4. 使用各种拣选取设备和传输装置，将存放的物品，按客户要求分拣出来，配备齐全，送入指定发货地点是（A）

　　A. 配货　　　B. 集货　　　C. 存货　　　D. 分货

5. 适用于需要数量较大的商品，单独一种或少数品种就可以达到较大运输量，可实行整车运输，这种配送方式称为（B）。

　　A. 多品种大批量配送　　　　　B. 少品种大批量配送

　　C. 多品种少批量配送　　　　　D. 定时配送

6. 按用户要求，将所需的各种商品（每种商品需要量不大）配备齐全，凑成整车后由配送中心送达用户手中，这种配送方式称为（C）。

A. 多品种大批量配送　　　　B. 少品种大批量配送

C. 多品种少批量配送　　　　D. 定时配送

7. 按规定的批量进行配送,但不严格确定时间,只是规定在一个指定的时间范围内配送称为(B)。

A. 定时配送　　B. 定量配送　　C. 定时定量配送　　D. 即时配送

8. 几个配送中心联合起来,共同制定计划,共同对某一地区用户进行配送,具体执行时共同使用配送车辆,称为(B)。

A. 集中配送　　B. 共同配送　　C. 分散配送　　D. 加工配送

9. 以第三方物流企业(包括传统的仓储企业和运输企业)为主体的配送中心是(D)。

A. 制造商型配送中心　　　　B. 批发商型配送中心

C. 零售商型配送中心　　　　D. 专业物流配送中心

10. 配送以(C)为出发点。

A. 自身的需要　　　　B. 市场规模

C. 用户要求　　　　D. 产品特点

11. 配送以送货为目的,但(D)。

A. 送是配的前提　　　　B. 拣货是订单的前提

C. 配和送不分先后　　　　D. 配是送的前提

12. 配送有资源配置作用,是"最终配置",因而是接近客户的配置。(C)是经营战略至关重要的内容。

A. 设备　　　　B. 工资水平

C. 接近客户　　　　D. 车辆多少

13. 配送运输是较短距离、较小规模、额度较高的运输形式,一般使用(A)作运输工具。

A. 汽车　　　　B. 火车

C. 轮船　　　　D. 飞机

14. 在配送中,配送加工这一功能要素（B）。

A. 具有普遍性　　　　B. 不具有普遍性

C. 是每个配送中心必备的　　D. 是没利润的

15. 以下最容易采取整车运输的是（A）。

A. 少品种大批量配送　　　B. 定时配送

C. 共同配送　　　　D. 分散配送

二、多选题

1. 以下属于配送的要素的是（ACD）。

A. 集货　　B. 结算　　C. 储存　　D. 配装

2. 按配送的职能形式分,配送可以分为（ABCD）。

A. 销售配送　　　　B. 供应配送

C. 销售与供应相结合的配送　　D. 代存代供配送

3. 配送作业的基本环节包括（ABD）。

A. 备货　　B. 理货　　C. 加工　　D. 送货

4. 按配送时间及数量分,配送可分为（ABCD）。

A. 定时配送　　　　B. 定量配

C. 定时定量配　　　D. 即时配送

5. 按配送中心的功能分类可以分为（ABC）。

A. 储存型配送中心　　B. 流通型配送中

C. 加工型配送中　　　D. 区域配送中心

6. 按配送商品的种类和数量分,配送可以分为（BC）。

A. 储存型配送中心　　B. 多品种少批量配送

C. 少品种大批量配送　　D. 区域配送中心

7. 即时配送不预先确定不变的配送数量，也不预先确定（AD），而是按用户要求的时间、数量进行配送。

A. 配送时间　　　　　　B. 配送价格

C. 配送软件　　　　　　D. 配送路线

8. 严格来说，备货包括（CD）两项具体活动。

A. 配送路线　　　　　　B. 送货

C. 筹集货物　　　　　　D. 存储货物

9. 在送货过程中，常常进行（ACD）三种选择。

A. 运输方式　　　　　　B. 理货

C. 运输路线　　　　　　D. 运输工具

10. 配送中心的储存管理组，负责货物的（ABD）等作业运作与管理。

A. 保管　　B. 拣取　　C. 加工　　D. 养护

二、订单管理

一、单选题

1. 不论订单是由何种方式传至公司，配送系统都必须首先查核客户的（A）。

A. 财务状况　　　　　　B. 货物数量

C. 送货日期　　　　　　D. 客户编码

2. 不同的订单交易形态订货处理方式（B）。

A. 相同　　B. 不同　　C. 没有区别　　D. 差别不大

3. 接受订货是订单处理的第（A）步。

A. 一　　B. 二　　C. 三　　D. 四

4. （C）是指输入所有的订单资料后，一次分配库存。

A. 单一订单分配　　　　　B. 订单录入

C. 批次分配　　　　　　　D. 库存分配

5. 在出现分配后存货不足的情况下，订单处理时按照删除订单上不足额的订货，甚至取消订单进行的情况是指（D）。

A. 客户希望所有订单一次配达，且不允许过期交货

B. 客户允许不足额订货补送

C. 客户允许不足额订单

D. 客户不允许过期交货

6. （B）是指企业搜集所需产品或服务的必要信息，从而正式提出购买要求的各项活动。

A. 订单录入　　　　　　　B. 订单准备

C. 订单履行　　　　　　　D. 订单传输

7. （C）的先后次序可能会影响到所有订单的处理速度，也可能影响到较重要订单的处理速度。

A. 订单录入　　　　　　　B. 订单准备

C. 订单履行　　　　　　　D. 订单传输

8. 订单处理过程的最后环节是（D）。

A. 订单录入　　　　　　　B. 订单准备

C. 订单履行　　　　　　　D. 订单状况报告

9. 通过设定订单处理中的先后次序及相关程序，它们将改变所有订单处理的时间，描述的是（C）。

A. 订单处理系统的技术水平

B. 订单履行的准确度

C. 处理订单的先后顺序

D. 订单的批处理

10. 掌握影响订单处理时间的因素，从而采取相应的措施，能够显著提高订单处理的效率和（B）。

A. 企业利润　　　　　B. 客户服务水平

C. 订单处理的时间　　D. 减少缺货

11. 供应商直接将商品放在车上，依次给各订货方送货，缺多少补多少的方式是（A）

A. 厂商补货　　　　　B. 厂商巡货，隔日送货

C. 口头订货　　　　　D. 邮寄订单

12. 接单后，将资料输入订单处理系统，按正常的订单处理程序处理，资料处理完后进行拣货、出货、发送、收款等作业的交易方式是（C）。

A. 现销式交易订单　　B. 间接交易订单

C. 一般交易订单　　　D. 合约式交易订单

13. 与客户签订配送契约的交易订单是（A）。

A. 现销式交易订单　　B. 间接交易订单

C. 一般交易订单　　　D. 合约式交易订单

14. 在约定的送货日，将配送资料输入系统处理以便出货配送的交易方式是（D）。

A. 现销式交易订单　　B. 间接交易订单

C. 一般交易订单　　　D. 合约式交易订单

15. 输入所有的订单资料后，一次分配库存，指的是（B）。

A. 单一订单分配   B. 批次分配

C. 间接分配   D. 直接分配

二、多选题

1. 从订单处理的类型来看，有（ABC）三种类型。

A. 工业订单处理   B. 零售订单处理

C. 消费者订单处理   D. 商业订单处理

2. 订单处理分（ABD）等形式。

A. 人工处理   B. 订单确认

C. 计算机处理   D. 存货查询

3. 订单确认的主要内容包括（ABCD）等。

A. 货物数量及日期的确认   B. 客户信用的确认

C. 订单形态确认   D. 订单价格确认

4. 存货分配模式可分为（AB）。

A. 单一订单分配   B. 批次分配

C. 数量分配   D. 时间分配

5. 根据作业的不同，各配送中心的分批原则可能不同，总的来说，常有（ABCD）划分方法。

A. 按接单时序划分批次

B. 按配送区域储存划分批次

C. 按流通加工需求划分批次

D. 按车辆需求划分批次

6. 配送企业的整个订单处理过程包含了客户订货周期中的诸多活动，具体而言，包括（ABCD）。

A. 订单准备   B. 订单履行

C．订单录入 D．订单状况报告

7．订单录入是指配送企业在订单实际履行前所进行的各项工作，包括（BCD）。

A．人工传输 B．核对订货信息

C．审核客户信用 D．开具账单

8．订单履行中，可供选择的优先权法则包括（ABCD）。

A．先收到先处理 B．使处理时间最短

C．预先确定顺序号 D．优先处理订货量小、相对简单的订单

9．订货周期的长短取决于（ABC）。

A．订单传递的时间 B．订单处理的时间

C．货物运输时间 D．订单状况报告

10．影响订单处理时间常见的因素有（ABCD）。

A．订单处理系统的技术水平

B．订单履行的准确度

C．处理订单的先后顺序

D．订单的批处理

三、送货作业管理

一、单选题

1．送货作业管理的核心内容是（B）。

A．满足客户需求 B．控制送货成本

C. 保证货质量　　　　D. 满足客户需求与送货成本两者的均衡控制

2. 中国国内配送中心、物流中心的配送有效距离大约在（A）公里以内。

　　A. 30　　B. 50　　C. 80　　D. 100

3. 在送货作业流程中，送货路线及车辆配载方案确定后，下一步骤应该是（D）。

　　A. 货物装车　　　　B. 车辆出发

　　C. 送货监控　　　　D. 拟定送货作业计划

4. 配送路线的选择与确定工作的核心目标应该是（C）。

　　A. 效益最高　　　　B. 准时性最高

　　C. 成本最低　　　　D. 劳动消耗最低

5. 由配送中心向一个客户进行专门送货，这种情况一般是针对（D）。

　　A. 需求紧急的客户　　B. 需求平稳的客户

　　C. 临时客户　　　　D. 优质的主要客户

6. 节约里程法的基本思想是（A）。

　　A. 三角形的两边之和总是大于第三边

　　B. 各点间运送的总里程最短

　　C. 各点间运送的总时间最少

　　D. 服务的客户数量最多

7. 在节约法计算过程中，客户之间的距离越近，而且它们距离配送中心越远，则节约的里程（A）。

　　A. 越多　　　　　　B. 越少

　　C. 视客户需求而定　　D. 不确定

8. 节约法计算过程中，当计算出两客户之间的可节约距离后，下一步应该做的是（B）。

A．按节约距离的大小两两连接各客户之间的线路

B．按节约距离从大到小的顺序进行排列

C．按节约距离大小安排送货顺序

D．按节约距离大小安排送货车辆的类型

9．合理配载是提高运输工具（D）的一种有效形式。

A．装卸效率　　　　B．运输效率

C．装载率　　　　　D．实载率

10．配载作业过程中，装货人员最常采用的配载方法是（A）。

A．经验法　　　　　B．容重法

C．数学模型计算　　D．软件模拟

11．在采用经验法进行配载时，也要用简单的数学计算来验证（C）。

A．货物的数量

B．是否按客户要求装载了需要的货物

C．装载的货物是否满足车辆在载重量及容积方面的限制

D．装载时间是否满足要求

12．送货作业管理人员主要的工作内容应该是（D）。

A．制定作业计划　　B．安排送货线路

C．安排送货人员　　D．合理制定送货作业计划并调度实施

13．以下属于车辆调度应遵循的原则是（C）。

A．先近后远　　　　B．先重后轻

C．先重点，后一般　D．先高价，后低价

14．在送货作业进行过程中必须进行有效控制，以下不属于需要控制的内容是（D）。

A．监督和指导货物的配载装运过程

B. 监控车辆按时出车

C. 监控汽车按时到达装卸货地点

D. 送货人员的一举一动

15. 调度管理部门获得必要统计资料的一个重要途径是（C）。

A. 调度人员每日填写的调度日志

B. 调度部门的每日例会

C. 送货人员的送货单回执

D. 客户的反馈意见

16. 下列（B）不是快递业务员的劳动防护用品。

A. 护腰背心　　B. 防护眼镜　　C. 防护帽　　D. 防护鞋

17. 快件安全的内容不包括（D）。

A. 防止丢失　　B. 防止被盗　　C. 防治泄密　　D. 防止退件

18. 物流配送业是一种（C）行业。

A. 生产性　　B. 生活性　　C. 服务性　　D. 消费性

19. 职业道德是从业人员在职业活动中应遵循的行为准则，涵盖了（C）之间的关系。

A. 从业人员与客户　　　　B. 职工与家属

C. 从业人员与服务对象　　D. 职工与领导

二、多选题

1. 配送送货作业的特点包括（BCD）。

A. 范围广　　　　B. 距离短

C. 批量小　　　　D. 频率高

2. 配送路线合理与否对（ABD）影响很大。

A. 配送速度　　　　B. 配送成本

C．配送准确性 　　　　D．配送效益

3．在进行配送路线的选择时，要考虑的约束条件包括（ABCD）。

A．满足所有收货人对货物品种、规格以及数量的要求

B．满足收货人对货物发到时间范围的要求

C．在允许通行的时间内进行配送，各配送路线的货物量不得超过车辆容积和载重量的限制

D．在已有送货运力资源允许的范围内

4．节约法的适用条件（ABCD）。

A．适用于有稳定客户群的配送中心

B．各配送线路的负荷要尽量均衡

C．要考虑客户要求的交货时间

D．货物总量不能超过车辆的额定载重量

5．运用节约法规划出的配送路线必须满足以下条件（BC）。

A．客户特殊要求

B．不使任何一辆送货车辆超载

C．每辆送货车每天的总行驶里程不超过规定的上限

D．送货人员的身体条件

6．在进行车辆配载时，应遵循的原则包括（ABCD）。

A．充分利用车辆的有效容积和载重量

B．重不压轻、大不压小，货物堆放要前后、左右、上下重心平衡

C．尽量做到"先送后装"

D．货物标签朝外，方便装卸

7．以下车辆配载时的注意事项正确的有（ABC）。

A．外观相近、容易混淆的货物分开装载

B．切勿将渗水货物与易受潮货物一同存放

C．不将散发粉尘的货物与清洁货物混装，危险货物要单独装载

D．包装不同的货物视车辆空间可以混装

8．制定送货作业计划的主要依据有（ABCD）。

A．客户订单

B．客户分布、运输路线、距离

C．货物的体积、形状、重量、性能、运输要求

D．运输、装卸条件

9．下列选项中，在送货车辆出发前，调度管理人员要查的验证件包括（ABC）。

A．驾驶证、车辆行驶证、道路运输证

B．车辆二级维护卡

C．驾驶、押运、装卸人员从业资格证

D．身份证

10．行驶作业记录管理的方式主要有（ACD）。

A．车辆行驶日报表管理方式

B．GPS管理方式

C．行车作业记录卡管理方式

D．行车记录器的管理方式

三、判断题

1．配送从业人员不得私自抄录或向他人提供寄、收件人姓名、地址、电话等快件信息。（√）

2．配送人员可不穿公司统一服装。（×）

3．在客户单位或小区，可不主动出示工牌作自我介绍。（×）

4. 配送中心设置在接近客户的地方，在接到客户的订货后提供及时的供货，而且可以一次性满足多品种的订货。（√）

5. 保守秘密是由配送人员服务的特殊性决定的。（√）

6. 职业道德的特殊性是指只适用于特定的职业领域，只约束该职业从业人员的执业行为。（√）

7. 用户对快件、汇款享有所有权，任何组织和个人不得检查、扣留。（×）

8. 产生客户投诉时，为保证业绩，坚决不能承认错误。（×）

9. 配送货品时，如果客户不在家，为避免耽误时间，可直接将货品摆放在客户家门口后离开。（×）

10. 在装卸货品时，要注意易碎品，货品码放要均匀，轻拿轻放。（√）